Ivone Gebara

Hacia una teología feminista

Traducción de Teo Sanz

EDICIONES CÁTEDRA
UNIVERSITAT DE VALÈNCIA

Título original de la obra: *Caminhos para compreender a teologia feminista*

1.ª edición, marzo de 2025

Diseño de cubierta: aderal
Ilustración de cubierta: Verónica Perales

PAPEL DE FIBRA CERTIFICADA

Valentín Beato, 21. 28037 Madrid
Depósito legal: M. 25.156-2024
I.S.B.N.: 978-84-376-4860-6
I.S.B.N.: 978-84-1118-461-8
Printed in Spain

Nota preliminar

Este libro es una breve introducción a la comprensión de la *teología feminista*. Es una invitación a reflexionar a grandes rasgos sobre la historia de la evolución de nuestras creencias religiosas, sus mutaciones y nuevas expresiones. Quiere sobrevolar los cielos de un mundo complejo y señalar, aquí y allá, lugares y acontecimientos importantes de nuestra historia que merecen ser destacados y examinados más de cerca para comprender mejor nuestro presente. Por eso, aterrizaremos en algunos de ellos para examinarlos, aunque sea sucintamente. El aterrizaje tendrá lugar en los llamados «campos de sentido» que conforman gran parte de la historia de la humanidad y, en particular, de nuestra historia en América Latina. El sobrevuelo y el aterrizaje son bastante limitados porque no alcanzan todos los diversos y ricos campos del continente, pero sí se ciñen a los del cristianismo, que por nuestra historia colonial se ha convertido casi en la identidad religiosa oficial de nuestros pueblos. De este modo, presento solo algunos retazos de un amplio tejido, piezas recortadas de la gran colcha de retales llamada «colcha de los sentidos» que nos cubre y nos calienta, aunque a menudo nos haga temblar de frío.

Si bien la teología feminista existe desde hace más de cinco décadas, muchas personas en las diferentes Iglesias cristianas todavía se preguntan qué es e, incluso, dudan de la necesidad de su existencia y desarrollo en la cultura actual. Diferentes grupos la atacan sin ni siquiera conocer sus orígenes, las preguntas que plantea, las dudas, sus propuestas y significados, que intentan responder a algunos de los desafíos del mundo actual. Por esta razón, es urgente que conozcamos a grandes rasgos algo de su historia, aún en desarrollo, para poder entenderla mejor y, si es necesario, criticarla con más argumentos. Para ello, en este libro me propongo recorrer, con las lectoras y los lectores, un camino que parte de la evolución del significado de la palabra «teología» y de algunas de sus expresiones históricas hasta llegar a la afirmación de ciertos contenidos y propuestas de la *teología feminista.* Cada una de las partes se compone de capítulos breves para facilitar la comprensión.

Primera parte

El origen de la teología

La palabra «teología» solo se utiliza en las instituciones religiosas y, más concretamente, en las escuelas y facultades que la estudian. En general, la gente sencilla apenas la usa, no forma parte de su vocabulario ni de su mundo inmediato. Sus creencias religiosas tienen lugar en otro nivel. Sin embargo, los efectos de las teorías teológicas afectan a todas las personas vinculadas a una Iglesia o institución religiosa e, indirectamente, modifican actitudes, comportamientos y visiones presentes en su cultura.

La gente sencilla siempre menciona a Dios, pero ignora todas las teorías que se han elaborado a partir de este nombre y que han condicionado sus creencias, directa o indirectamente. Este libro se ocupa de estas teorías porque acaban influyendo en la práctica de las personas, incluso de aquellas que no están especialmente vinculadas a una Iglesia cristiana. Las ideas, afectos, emociones y opiniones actuales sobre el feminismo y la teología feminista pasan a formar parte de la vida cotidiana a través de los medios de comunicación y de las «opiniones» que continuamente emitimos. Por ello, merece la pena hacer el esfuerzo de leer y debatir estos contenidos con nuestras amigas y amigos.

Muchas de las ideas aquí expuestas proceden de otros libros que he publicado. Pero este las actualiza y añade nuevas perspectivas e interrogantes.

1

¿Qué es la teología?

¿Qué es la teología? Esta es la pregunta inicial que debemos responder para abrirnos a la teología feminista.

Conocemos muy bien la manera en que los diccionarios satisfacen nuestra primera curiosidad y nos encaminan hacia el significado de las palabras. Si buscamos en el diccionario la palabra «Dios», *Theós* en griego, encontraremos varias acepciones, entre ellas: «ser infinito, perfecto, todopoderoso, creador del universo». Si buscamos la palabra «teología», encontraremos, entre otros significados: «estudio de los asuntos de las divinidades», «estudio de Dios, *Theós*». Sabemos, sin embargo, que los diccionarios no dan las explicaciones más completas sobre el significado de las palabras. En general, tampoco recogen la evolución de los significados de una misma palabra en los distintos contextos en que se utiliza. A pesar de estos límites, podemos decir que con los datos que nos proporciona el diccionario ya tendríamos una primera definición de «teología»: la teología sería el estudio de Dios o de los dioses. Sin embargo, somos muy conscientes de lo limitado y, hasta cierto punto, atrevido de esta búsqueda. Por este motivo, sería mejor decir que las teologías son estudios y aplicaciones de lo que distintos grupos humanos han experimentado o creído que era Dios o los dioses. En realidad, son los balbuceos de nuestra finitud en busca de algo más grande que nosotros mismos, intentando encontrar respuestas provisionales a nuestras numerosas preguntas.

Comienzo proponiendo un camino basado en la historia de determinadas experiencias de la vida humana, un camino que las y los lectores podrán, en cierto modo, recorrer utilizando ejemplos de su propia vida y de la vida de otras personas. Descubriremos brevemente cómo construimos nosotros, mujeres y hombres de hoy, los significados de las experiencias definitorias de nuestra vida, el sentido de las cosas que nos rodean y la relación con los distintos seres que conviven con nosotros. Y a través de este camino, tanto conocido como desconocido, tal vez descubramos mejor qué es la teología.

En el fondo, la teología es una especie de prenda de vestir, entre las muchas que tejemos y con las que cubrimos o hacemos cubrir nuestros cuerpos y mentes. Nuestro cuerpo está lleno de historias y creencias ancestrales y actuales que nos marcan y que condicionan nuestro comportamiento. Nuestro cuerpo está repleto de emociones, miedos, dudas e incertidumbres, y por eso intenta de muchas maneras estabilizar sus pies para poder dar pasos sobre el suelo de la vida. A menudo, solo nos vemos con estas prendas y no nos damos cuenta de que se mantienen en nuestro cuerpo o en nuestros gestos cotidianos debido a múltiples experiencias vitales anteriores a su confección.

Por eso, en este texto, vamos a quitarnos nuestras viejas ropas e, incluso, a ponernos otras nuevas, quizá más apropiadas para la actualidad. Primero nos las quitamos para ver nuestro propio cuerpo, para descubrirnos a nosotros mismos y descubrir nuestras emociones. Nos las quitamos para cuestionarlas y podemos volver a ponérnoslas o buscar otras que nos parezcan más apropiadas y cómodas.

Descubrir qué es la teología significa también descubrir que hacemos teología de muchas maneras, como si fueran vestimentas marcadas por convicciones diferentes. La sabiduría popular nos dice que «todos somos un poco médicos y un poco locos»... Esto significa que cada uno o una de nosotros sabe cómo curarse y cómo volverse loco. Tenemos muchas recetas y a veces se las damos a los demás sin pensar mucho en ellas.

Del mismo modo, se podría decir que todas las personas llevan algo de teólogas dentro, incluso las que dicen no creer en ningún Dios o las que no han realizado ningún estudio especializado en teología. Por ejemplo, si nos hacen una pregunta del tipo: «¿Cree que le tocará la lotería?», no sabemos la respuesta, pero solemos contestar: «Si Dios quiere, ganaré». Esta respuesta indica que hemos introducido en nuestro discurso, y quizá en nuestra vida, la intervención de un ser superior que parece favorecer o no nuestro deseo, según su voluntad.

Otra persona dirá: «Estoy aquí en este lugar por voluntad de Dios». No hay que pedirle explicaciones. Es como si tuvieran que justificar su presencia aquí basándose en una voluntad superior que, según dicen, sustenta sus decisiones.

Y otro dirá: «Estoy convencido de que Dios castiga al mundo con estos huracanes y tormentas». Una vez más, esta afirmación indica que existe un «ser superior» que parece juzgar el mundo, premiando o castigando las acciones humanas. Así que Dios, *Theos* en griego, y de ahí «teología», aparece como una especie de limitación o explicación final más allá de nuestras posibilidades actuales de conocimiento o predicción. Cuando no sabemos lo que va a pasar, o no sabemos por qué sucede tal o cual acontecimiento, solemos atribuirlo a la voluntad oculta de Dios. Cuando sentimos miedo o terror ante determinadas situaciones, cuando estamos inseguros o enfermos, imploramos la ayuda de aquel ser que, según nuestra imaginación o nuestra fe, tendría la fuerza para sostener nuestra debilidad. Por último, si no conozco las razones de lo que sucede, digo que al menos alguien las conoce, y ese alguien se llama «Dios». Es como si no pudiéramos dejar abiertas nuestras preguntas o como si lo desconocido nos asustara más que lo conocido.

De esta manera, Dios se mezcla con la historia humana. Con este razonamiento no queremos demostrar ni negar su existencia. Simplemente constatamos que para muchas personas existe un personaje, una fuerza, una energía, un misterio que parece abrirse paso entre la humanidad y decidir por ella o ayudarla a decidir. Hay muchas percepciones y expresiones de esta experiencia, no necesariamente limitadas a textos escritos por teólogos o que se encuentren en la Biblia. El arte, la poesía, la música, un jarrón de flores, una comida bien preparada y ofrecida con cariño, el silencio como espacio de escucha de nuestra interioridad pueden llevarnos a percibir el mundo más allá de nosotros mismos e invitarnos a una mayor comunión entre todos los seres. Es también una forma de teología sin expresión académica oficial.

No siempre nos damos cuenta de que la historia de la humanidad se transforma continuamente y de que las cosas y las interpretaciones empezaron a existir en un momento determinado y luego cambiaron con la evolución de un pueblo, de un grupo o de nuestra propia historia. Con cada descubrimiento, ya sea en relación con la tierra, las técnicas de plantación, el cuerpo humano y sus funciones, el desconcierto que provocan las nuevas interpretaciones del universo, podemos decir que volvemos a conocer nuestro mundo, aprendemos nuevas expresiones e introducimos nuevos significados en nuestras vidas.

Así, cuando tenemos una experiencia, intentamos ponerle un nombre, y cuando no conocemos el nombre, le damos uno aproximado, como para indicar la cercanía de lo nuevo con otras cosas que ya hemos experimentado. Por eso, cuando probamos una fruta cuyo nombre desconocemos, empezamos diciendo «se parece al mango, pero no es mango». Otras veces la designamos con palabras que hemos creado, relacionadas con el vocabulario común. Por ejemplo, cuando hablamos de «pandemónium» combinamos la palabra *pan,* que significa «todo», con «demonio» para expresar que en esta situación parece que el demonio está en todo y crea confusión. O cuando decimos «esta comida es divina» estamos utilizando la palabra «divina» como superlativo para indicar la excelencia de los platos que nos han servido. A menudo, la misma palabra o la misma expresión pueden tener significados diferentes según el sentido que les demos en una situación u otra. Construimos significados por analogías, por aproximaciones y a través de nuestras múltiples experiencias vitales.

Somos seres que *vivimos en el sentido.* Por eso, desde tiempos remotos, hemos creado mitos por el deseo de encontrar explicaciones más o menos coherentes a nuestra existencia. Los mitos son narraciones que intentan dar sentido a situaciones o experiencias que nuestra lógica racional no puede explicar de forma inmediata. Así, por ejemplo, nos preguntamos: ¿de dónde venimos?, o ¿por qué actuamos mal?, ¿por qué sufrimos?, ¿adónde vamos después de la muerte? Son preguntas que han dado lugar al nacimiento de los mitos. Todas las religiones del mundo se basan en mitos, es decir, en narraciones nacidas de diferentes culturas y que conciernen a algunas de las preguntas más profundas del ser humano sobre sí mismo. En la Biblia, por ejemplo, encontramos mitos sobre el origen del mundo, la creación del ser humano, el surgimiento del mal y la redención. Estos, al mismo tiempo, se inspiran en mitos más antiguos, de modo que los nuevos mitos nacen del encuentro con los antiguos. Los mitos no pueden explicarse del todo porque tienen que ver con cuestiones existenciales a las que la racionalidad teórica no ha dado una respuesta convincente. Su contenido debe experimentarse como preguntas que son, en cierto modo, intemporales, preguntas que son inherentes a la condición humana y que nunca tendrán respuestas absolutamente convincentes para todas las personas.

Estos aspectos que acabo de mencionar pueden ayudarnos a comprender que la vida —así como sus múltiples formas de expresión a través del lenguaje— es muy compleja y no nos ofrece respuestas a todas nuestras preguntas. Ser consciente de ello abre el camino a la comprensión del múltiple y complicado significado de la palabra «teología», que descansa en la igualmente intrincada red de mitos que construimos.

Cuando estudiamos la historia antigua de las distintas culturas humanas, nos damos cuenta de que los significados de las cosas se han ido construyendo a lo largo de un vasto viaje por distintos espacios y épocas. El ser humano que hoy somos no siempre ha sido el mismo. Hemos evolucionado a través de un proceso bastante complejo en el que han confluido muchos acontecimientos y experiencias que nos han traído hasta donde estamos. Así que, incluso, podríamos rastrear la historia de ciertos sentimientos que hemos experimentado y de las explicaciones que hemos dado a lo largo del tiempo. Podemos, por ejemplo, contar la historia del amor no solo como un encuentro entre dos personas, sino del amor como sentimiento humano que surge de un corazón sensible y atento hacia sus semejantes y hacia todos los seres vivos. Podemos darnos cuenta de esta intrincada historia cuando nos concentramos y tratamos de comprender la evolución del significado de ciertos acontecimientos y sentimientos de nuestra existencia. Descubrimos el amor, la libertad y la justicia en el propio proceso de evolución de la especie humana. Sin duda, los primeros primates tenían sentimientos diferentes a los del *Homo sapiens* actual. Desde esta perspectiva, podemos decir que en el momento en que el ser humano nombra una trascendencia más allá de sí mismo o pide ayuda a los dioses, o a un único Dios, estos actos corresponden a una experiencia existencial muy especial. Esta experiencia, aunque tiene un pasado común, no es expresada de la misma manera por todos los pueblos e individuos, lo cual nos invita a desarrollar cada vez más el respeto por las creencias y experiencias de los demás.

Las divinidades y las llamadas «experiencias divinas» nacen de los seres humanos y evolucionan a lo largo de su historia. Así, los significados que damos a los dioses o al Dios único no son estáticos, sino dinámicos, móviles, culturalizados y contextuales, aunque creamos que nuestra divinidad no cambia y que existe más allá de nuestra cultura. Es necesario reflexionar y ser conscientes de que, al igual que cambia la cultura, también cambia nuestra relación con las divinidades. Se advierte si pensamos en la evolución de nuestras creencias. En la infancia, teníamos ciertas creencias que provenían de nuestra familia e hicimos nuestras. De adultos, a menudo decimos: «Ya no creo en lo que creía, o creo de otra manera». Y en la vejez, podemos desandar el camino de nuestras creencias y tomar conciencia de las distintas transformaciones que han tenido lugar. Es un reto de cada momento de nuestra vida.

2

Cómo empezó todo: una hipótesis y un significado

Nuestras creencias empiezan en nuestros cuerpos, en las conversaciones que oímos, en las formas de educación que recibimos, en los miedos y culpas aprendidos, en las esperanzas alimentadas. Nuestras creencias nacen de nuestras experiencias físicas y psicológicas de diferentes tipos e intensidades. Pueden expresarse de distintas maneras y no siempre tienen que afirmarse como creencias religiosas en alguien o algo considerado trascendente. Solo pueden situarse en el ámbito de nuestra existencia cotidiana como expresiones del misterio de la vida misma. A menudo asumimos una actitud de agradecimiento a las fuerzas celestiales o terrenales por las cosas buenas que nos suceden, o pedimos que nos protejan porque nos sentimos amenazados por alguien o algo. Buscamos consuelo y protección ante las aflicciones, la angustia y el sentimiento de abandono. No se puede negar nuestra realidad corpórea, incluso cuando decimos que nuestra religión nos fue dada directamente por Dios, considerado un ser espiritual, o por las deidades de la naturaleza. Por tanto, nuestras creencias nacen de nuestros cuerpos y emociones en relación con otros cuerpos similares y diferentes a los nuestros. Y estas creencias son tan variadas como nuestros rostros, nuestras tradiciones culturales y nuestras historias, aunque tengan aspectos comunes, dado que todos pertenecemos a la especie humana.

Por eso merece la pena intentar comprender algo de este complejo y a la vez admirable proceso antropológico que nos caracteriza.

Podemos decir que buena parte de nuestro asombro, de nuestra admiración, de nuestro miedo al cuerpo están ligados, ante todo, a la experiencia de la sexualidad creadora y a las emociones que de ella se derivan. Nos extasiamos ante el nacimiento de una criatura y nos maravillamos de nuestra capacidad para engendrar seres semejantes a nosotros mismos. Es un hecho tan extraordinario que muchos exclaman que esta maravilla que nos ocurre es divina, o que sucede porque también somos creadores, «imagen y semejanza» de nuestro misterioso creador. Somos vagamente conscientes de que estamos reproduciendo en nosotras los procesos creativos del universo o el poder de un creador divino de todo lo que existe. De repente, el vientre empieza a crecer, un nuevo ser comienza a moverse dentro de nosotras, después llegan los dolores de parto y, finalmente, el nacimiento de un bebé a nuestra imagen y semejanza. Este acontecimiento es tan grande y maravilloso que muchos dicen que «viene de Dios», que es obra de Dios. Y cuando lo dicen, en realidad están experimentando algo que remite a un sentimiento de grandeza en medio de nuestra fragilidad humana. Es interesante recordar que el cuerpo femenino parece haber sido para muchos pueblos el primer «lugar» de manifestación del misterio de la vida, un lugar sagrado, un lugar de acogida y desarrollo de la vida. Pero con el tiempo, esta experiencia sagrada primordial fue «destronada» por la dominación patriarcal, que pasó a situar lo sagrado en fuerzas alejadas de nosotras, fuerzas abstractas, fuerzas celestiales, poderes desconocidos, dioses y héroes masculinos. No vamos a reflexionar ahora sobre este problema evolutivo y cultural, pero es bueno ser conscientes de que el nacimiento de nuestras creencias y su desarrollo están marcados por conflictos, entre ellos los conflictos de poder presentes en las relaciones de género.

No es necesario que todo el mundo experimente en su cuerpo el embarazo y el parto para que se dé cuenta de lo maravilloso de esta experiencia. Por supuesto, no podemos olvidar que también puede ser traumática o violenta, pero eso no invalida la extraordinaria belleza de la experiencia humana de la reproducción. Del mismo modo que podemos hablar de la atracción sexual entre dos personas que da lugar al nacimiento de una nueva criatura, también podemos recordar la fuerza de atracción del universo en el que participamos. Esta atracción no solo manifiesta belleza, sino también transgresión o violencia, experiencias generadas por la mezcla y la desproporción que nos constituyen. La fuerza de atracción es vital para los seres humanos, los animales y todos los seres vivos, en términos de la continuación de la especie o del simple placer que producen las relaciones. La atracción sexual es ese tipo de energía que lleva a los cuerpos a combinarse y unirse en una especie de fuego único que los abraza y los quema hasta saciarlos del fuego, sin destruirlos. Hay algo extremadamente misterioso que se experimenta en la sexualidad y, más allá, en la continuidad de muchas relaciones que se abren a la producción artística, literaria y religiosa. La experiencia de atracción, asombro y admiración ha sido identificada por muchas personas como una experiencia religiosa. Es religiosa porque nos abre más allá de nosotros mismos, nos conecta con algo mayor en lo que estamos sin, por ello, poseerlo en nosotros. La experiencia religiosa (religión = *re-ligare)* nos conecta con nosotros mismos y con los demás, genera una sutil percepción de infinitud, de no-saber que nos embriaga y nos invita al silencio.

Al hilo de esta evocación de experiencias fundadoras de la vida humana, también es necesario recordar la muerte. Morir es constitutivo de estar vivo. No se puede escapar a la inexorabilidad de la muerte individual. Por ello, también está envuelta en miedos, misterios y proyecciones de todo tipo. En muchas culturas hay ritos que sirven para calmar el miedo a abandonar la convivencia humana y se establecen relaciones armoniosas con los muertos. Hemos sido capaces de tejer múltiples significados en torno a este acontecimiento inevitable que marca todos los procesos vitales. ¡Somos seres mortales! Por eso, la mayoría de las creencias religiosas se han organizado en torno a la muerte o a imaginar una vida después de la muerte. Nuestra imaginación ha sido fértil en este sentido. En torno a la muerte, diferentes culturas han creado costumbres y ceremonias funerarias, canciones de despedida, creencias en una vida después de la muerte, ya sea de alegría o de sufrimiento eternos. La muerte forma parte de la vida y de su significado, y es en la vida donde se teme, se inventa, se prepara y se celebra.

Entre la vida y la muerte, las entrañas humanas desarrollaron lo que se llama «compasión». La compasión es parte integrante de numerosas religiones. Es la capacidad humana de sentir el dolor ajeno, de estar con él o ella en sus distintas pasiones, entendidas aquí como sufrimientos de diversa intensidad. Y en esta compasión se manifiesta cierta grandeza, ya que somos capaces de salir de nuestro egoísmo y ponernos junto a los que sufren, para ayudarles a recuperar el ritmo cotidiano de sus vidas.

Ante el estupor que nos provocan estos acontecimientos y experiencias, a menudo tendemos a relacionarlos con la voluntad de seres superiores o con la voluntad de un ser mayor. Es como si no pudiéramos evitarlos, como si nos implicaran más allá de nuestra voluntad. A veces tenemos la sensación de que nuestros conocimientos e interpretaciones no reflejan la grandeza del significado del sufrimiento humano. Por eso, estas experiencias, que podemos llamar «experiencias límite», típicas de la vida humana, tienen mucho que ver con la religión y la teología, que a su manera les dan una respuesta provisional.

En el pasado, la gente solía atribuir lo «extraordinario» de la vida cotidiana a fuerzas sobrehumanas. Es como si el ser humano en su individualidad fuera incapaz de entender lo que le sucede y necesitara crear explicaciones que tienen que ver con la voluntad de seres superiores o que viven en una esfera distinta a la humana. Esto significa, en parte, que somos conscientes de nuestra incapacidad para dominar, a través del conocimiento, los procesos vitales en su gran complejidad. En estos procesos, la sexualidad, el nacimiento, la muerte, la compasión, la ternura y el dolor están caracterizados por la imprevisibilidad, la precariedad, la sorpresa y el asombro propios de todas las vidas. En esta línea, también experimentamos lo involuntario, el sufrimiento no elegido causado por la muerte o la enfermedad, la agresión mutua u otras experiencias cotidianas violentas. No sabemos cómo explicarlos ni dar una respuesta que satisfaga de forma convincente nuestros múltiples interrogantes. Por eso hemos sido capaces de crear voluntades superiores a la nuestra, voluntades capaces de gestionar lo no elegido, lo inesperado, y a las que imaginamos conocedoras de las razones de todo lo que nos sucede. Entonces, no importa que no conozcamos las razones de todo. Basta con que esas fuerzas lo sepan, porque creemos que son ellas las que dirigen nuestra existencia y la del mundo. Depositamos nuestra confianza en ellas como condición de la vida cotidiana.

En el día a día, nos damos cuenta de que nos necesitamos mutuamente para vivir y afrontar las adversidades, aunque el egoísmo siempre nos aceche y nos haga capaces de destruir la vida de los demás, sobre todo cuando nos sentimos amenazados. Entonces, para legitimar la necesidad de ayuda y respeto mutuos, o para controlar nuestra capacidad fratricida, apelamos a las divinidades o a Dios para que se conviertan en las fuerzas capaces de conducirnos a la compasión, la misericordia o el respeto por la vida de los otros. Por eso muchos dicen: «Dios nos pide que hagamos el bien» o «tenemos que ayudarnos porque Dios siempre nos ayuda» o, incluso, «solo Dios es dueño de la vida humana». Dios se identifica con la fuerza suprema del bien, capaz de convocarnos a hacer el bien, a respetar a nuestros semejantes y la ley superior, a controlar nuestras tendencias egoístas y asesinas. Aunque vivimos todas estas experiencias dentro de los límites de nuestra individualidad, ese «algo superior» valorado y divinizado que llamamos «Dios» o «dioses» ha pasado a formar parte de la historia colectiva. Ha llegado a ser considerado el principio creador y sustentador de la vida humana, así como el principio ético que está en la raíz de nuestro comportamiento social e individual. Sin embargo, este principio que procede de nosotros se sitúa más allá de nosotros, como un poder distinto y superior que, a menudo, nos obliga a hacer el bien que no queremos hacer.

En la investigación de las culturas primitivas, la arqueología y la antropología han mostrado que las primeras manifestaciones religiosas experimentadas por los seres humanos tenían que ver con el asombro ante el nacimiento, la atracción sexual, la fertilidad de la tierra y los animales, las estrellas y los astros, la muerte y la necesidad de cuidados recíprocos que necesitamos para vivir. Todo ello refuerza la idea de que las creencias religiosas nacen de las experiencias de nuestro cuerpo, nuestras necesidades de supervivencia y nuestras emociones. Por tanto, las religiones nacen de nosotros y no de seres superiores que necesiten nuestra adoración y obediencia. Somos quienes las «creamos» y las adoramos por amor a nosotros mismos. ¡Y esto es muy hermoso!

Solemos tener miedo de estas grandes afirmaciones que, en cierto modo, modifican la antropología, principalmente de origen griego y romano, que caracterizó al cristianismo. A partir de ellas, se han desarrollado a lo largo de los siglos interpretaciones que manifestaban una gran desconfianza hacia nuestro cuerpo y hacia todos los cuerpos. Por ello, muchas veces llegamos a la conclusión de que nada bueno puede provenir de nuestro cuerpo o de nosotros mismos. Desconfiamos de nuestros deseos, de nuestras formas de ver el mundo, y creemos que existen deseos ocultos, superiores a los nuestros, que dirigen nuestra historia. Poco a poco introducimos formas jerárquicas piramidales en nuestra convivencia y empezamos a dar más valor a cosas que nos parece que están fuera de nuestras vidas cotidianas, lejos de nuestros cuerpos, y que parecen indicar una fuerza y una calidad superiores a nosotros mismos. Siempre anhelamos ser lo que no somos y tener lo que no tenemos. Nuestra imaginación fluye por mundos poderosos y perfectos. Queremos imitar la perfección estática de los dioses y descubrir sus deseos para nosotros. Pero no nos damos cuenta de que somos sus creadores y que ellos habitan en nuestros anhelos.

Cuando algunas culturas más sedentarias, por ejemplo, afirmaban que la tierra era sagrada por su fertilidad, por su capacidad de proporcionarnos alimentos, de recibirnos en su seno cuando morimos, así como de acoger los cuerpos de animales y plantas, sin duda le estaban dando un valor mayor. A su valor material y visible añadían un valor simbólico e invisible, un valor casi de acogida maternal. No era solo un espacio material que pisábamos y en el que vivíamos: tenía un valor añadido, es decir, un valor que se consideraba divino y misterioso, que no podía reducirse a una simple explicación y que, por tanto, imponía una veneración y un respeto especiales.

La tierra era más que un individuo, se experimentaba como la matriz que sustenta todo lo que existe. Por eso se puede decir que la propia tierra contenía la explicación simbólica de las preguntas que nos hacíamos, ya que también somos tierra. Esta explicación no es universal, sino limitada a las culturas y contextos que la desarrollaron, pero contiene importantes verdades que hoy son recuperadas por muchos grupos.

Cuando interpretamos nuestra vida, entramos en otro nivel de reflexión, es decir, no solo estamos comprobando las cosas desde el punto de vista de nuestra vida material, sino que estamos produciendo significados, creando significados para nuestras vivencias. Y estamos afirmando una dimensión fundamental en todos los seres humanos: somos seres de sentido, vivimos creándonos significados y no podemos vivir sin ellos.

Si atendemos a otra situación cultural —por ejemplo, la de las antiguas culturas pastoriles—, podemos hacer algunas observaciones más. Los pastores a menudo tenían que alejarse de sus hogares, llevando su rebaño a lugares donde había más hierba y otros pastos. Pasaban semanas e incluso meses lejos de la comunidad y a menudo no solo sentían miedo, sino también asombro al ver la grandeza de las montañas o del cielo estrellado, además de experimentar grandes temores en las noches de tormenta o ante el ataque de algún animal desconocido. Estos sentimientos encontrados dieron lugar a la sensación de que el mundo estaba habitado por espíritus superiores cuyo poder se ejercía sobre ellos, espíritus capaces de cambiar el curso de la vida humana y de la naturaleza. Con esta experiencia, introdujeron las divinidades celestiales, que sin duda eran más abstractas que las relacionadas con la Tierra. Eran divinidades menos conocidas, más masculinas y quizá más amenazadoras y poderosas que las terrenales. Estas divinidades, o una deidad en particular, tenían poder sobre la Tierra y todo lo que habitaba en ella. Por eso el ser humano podía exclamar como en algunos de los salmos de la Biblia: «¿quién es el hombre para que cuides de él?» o «sácame de este abismo en donde estoy», «extiende tu mano y sálvame», «hazme puro, más blanco que la nieve», etc. La experiencia existencial de los pastores es diferente de la de quienes viven de la agricultura, y aquí se ve lo importantes que son las cuestiones culturales y lo mucho que tienen que ver también con las de género. La agricultura era casi siempre una actividad femenina, y el pastoreo, una actividad masculina. Por eso, desde esta perspectiva, también podemos hablar de la «producción» de creencias, oraciones y cultos como expresiones de nuestras experiencias existenciales vinculadas al género. Y estas se manifiestan a través de la extraordinaria dimensión simbólica que caracteriza y sustenta la vida de todos los seres humanos.

Hablar de la dimensión simbólica de la vida humana es descubrir que los seres humanos somos seres materiales capaces de producir significados simbólicos. Nos damos cuenta de que no podemos ser de otra manera y de que este camino es la expresión de la evolución que hemos experimentado a lo largo de millones de años. El simple hecho de que nos hagamos preguntas sobre el significado de las cosas y demos respuestas provisionales indica la extraordinaria presencia de la dimensión simbólica en nosotros, una dimensión que marca nuestra forma de conocernos a nosotros mismos. En este sentido, la evolución del ser humano se ha producido de forma diferente a la de las demás especies con las que convivimos en este planeta, aunque vivamos en una interdependencia constitutiva.

Al experimentar la interdependencia constitutiva entre todos los seres de la Tierra, en la especificidad de cada grupo de seres vivos, comprendemos un poco más quiénes somos. La especificidad humana reside en el desarrollo de la capacidad racional y, estrechamente vinculada a ella, de la capacidad simbólica, en la que expresamos nuestra creatividad plural. Somos *bios,* es decir, seres biológicos temporales y limitados que tratan de mantener su vida individual y colectiva, y somos *logos,* es decir, pensamiento, capacidad de reflexionar sobre cosas más amplias y universales, capacidad de conexiones y de producción renovada de sentido. *Bios* y *logos* están profundamente interconectados, son interdependientes y, en la vida cotidiana, son indistinguibles. Se los diferencia intelectualmente solo para entender y explicar mejor la constitución del ser humano que somos.

Las creencias, las religiones y, por tanto, también las múltiples *logias* nacen y se expresan a partir de la dimensión simbólica cognitiva del ser humano. Sin embargo, debe quedar claro una vez más que la dimensión simbólica no es independiente de las condiciones históricas y materiales en las que vivimos y de la complejidad de nuestros cuerpos. Así, un grupo humano dedicado a la pesca tendrá su horizonte simbólico ligado a la pesca. Sus cantos, sus divinidades y sus valores tendrán algo que ver con la cultura de la pesca. Lo mismo puede decirse de una cultura agraria o de una cultura urbana. Por eso, hoy, desde donde estamos, podríamos preguntarnos: ¿cómo se dibuja el horizonte de nuestras creencias? Sabemos que no todos estamos en el mismo lugar, aunque tengamos cosas en común. Podríamos preguntarnos, por ejemplo, en este momento en que la tecnología y la ciencia ocupan un lugar de gran importancia en la vida de casi todos nosotros: *¿cómo vivimos los valores que dan sentido a nuestras vidas?* O incluso, ante la confluencia de pueblos tan diferentes que viven en la misma ciudad: *¿es posible mantener nuestras convicciones y tradiciones religiosas originales?*

Si por un lado somos ciudadanos de la gran aldea global, sujetos a una cultura urbana globalizada y extremadamente cambiante, por otro somos cada uno de nuestro pueblo, de nuestra pequeña ciudad, de nuestra familia, de nuestro género, de nuestra edad y con nuestros propios dolores y opciones. Tenemos que vivir nuestras creencias y actualizar su significado desde este lugar social plural. Una vez más, debemos tener claro que nuestras creencias y valores son para hoy y deben responder a nuestras preguntas de hoy. Decir esto significa afirmar que, aunque busquemos la igualdad de derechos, no todos somos iguales, ya que cada persona tiene su propia historia, sus propias preguntas, sus propias búsquedas y sus propias elecciones. Y, al mismo tiempo, hay algo, algo profundo que las grandes sabidurías humanas han sabido intuir, algo que nos hace iguales y, por eso mismo, capaces de experimentar compasión, de practicar la solidaridad, de ofrecer libremente algo que poseemos en nuestra vida. Todo esto se debe a que somos capaces de amar.

3

Y se hizo la religión y de ella nació la teología

En este proceso de evolución histórica, podemos decir que, poco a poco, algunas de nuestras creencias, nacidas de diferentes experiencias y situaciones, especialmente de desamparo, se convierten en «religión». Decir eso significa afirmar que, en cierto momento histórico, la religión se institucionaliza, concibe las teologías, o sea, que recupera saberes, produce teorías explicativas, pensamientos ordenados y sistematizados con argumentos y cierta coherencia lógica sobre nuestras creencias y sus fundamentos[4]. Las teologías ponen límites a lo que debe ser creído por los fieles. Son pensamientos sistematizados por hombres a partir de tradiciones orales, textos antiguos, usos y costumbres. Son creadas por una élite masculina con autoridad reconocida y poder institucional que, a menudo, se convierten en los líderes de las religiones y en los

---

[4] Véase Rubem Alves, *O enigma da religião,* Petrópolis, Vozes, 1975.

asesores de la comunidad en cuestiones de conciencia y convivencia social. Las teologías y los teólogos están, en este sentido, al servicio de las religiones institucionalizadas. Sistematizan doctrinas y las apoyan con argumentos extraídos de los llamados «textos sagrados», las filosofías y la tradición de las comunidades. Esta fase corresponde a una especie de exteriorización institucional de nuestras creencias, a la exigencia de prácticas regulares y a una especie de control religioso ejercido por los dirigentes y, a veces, por la propia comunidad. El «buen cristiano» suele identificarse, por ejemplo, como alguien que asiste a las ceremonias litúrgicas de su iglesia, que estudia la Biblia, que participa en las grandes fiestas religiosas, que obedece las directrices morales estipuladas por tal o cual iglesia. A partir de ahí, si volvemos a lo que antes describíamos como experiencias primordiales del ser humano, podemos decir ahora que lo que era una experiencia inmediata de sentido, una experiencia vivida por algunas personas y grupos, se transforma en teoría. Se convierte en pensamiento sistematizado, repetido y enseñado a la comunidad y, lentamente, se convertirá en tradición. La teoría teológica explicará y regulará la atracción sexual, el nacimiento y la muerte, las ceremonias matrimoniales y funerarias. Organizará un sistema de contenidos morales, prescripciones, mandamientos, prohibiciones y directrices para la vida. Explicará las costumbres, los miedos y las esperanzas, transformándolos en «voluntad divina», en religión institucionalizada. Y la religión se convierte en una superestructura, es decir, en una institución presente dentro y fuera de cada individuo que se une a ella o se integra en ella.

La mayoría de las veces, las experiencias primitivas de las mujeres y los hombres son olvidadas por las religiones que utilizan más prescripciones morales con un contenido doctrinal más o menos dogmático que hay que cumplir y controlar. Algunos comportamientos estarán prohibidos, y otros, permitidos. En las religiones monoteístas patriarcales, las figuras que controlan y enseñan las costumbres religiosas suelen ser hombres. De este grupo nacen los teólogos.

En sentido amplio, en todas las religiones existen teólogos, es decir, hombres que asumen la tarea de comprender y enseñar el «deber ser» del mundo, de conducir en el camino de la obediencia a Dios. Aquí me ocuparé de los vinculados a la comunidad cristiana y, más concretamente, a la tradición católica romana. En este enfoque histórico, los teólogos se convierten en los expertos en teología, es decir, los que saben responder a ciertas preguntas que la comunidad se plantea o ha recibido como herencia de una tradición religiosa anterior. La comunidad de creyentes les atribuye un saber y un poder que cree, a menudo, que están por encima de ella. Los teólogos son los encargados de pensar los contenidos y ritos que tienen que ver con el nacimiento, la muerte y los distintos momentos de la vida. Son los encargados de decir algo sobre las exigencias de Dios, considerado el principio o fundamento de todo lo que existe. En cada momento histórico y en cada contexto, los teólogos intentan dar las respuestas que consideran más adecuadas. La comunidad empieza a delegar en ellos una tarea que, tradicionalmente, habría asumido por sí misma. Con esta tarea, delega también en ellos un poder sobre sí misma, pues les reconoce la autoridad en asuntos que afectan a la moral y a las costumbres de la propia comunidad e, incluso, los reconoce como representantes de Dios. Y, como ha sucedido a menudo, los creyentes pueden alienarse de su propia experiencia, sometiéndose formal y materialmente a lo que proviene de los poderes religiosos establecidos o, más concretamente, del clero. Esta alienación de la propia experiencia, especialmente en lo que se refiere a la experiencia femenina, se manifestará explícitamente en la tradición teológica cristiana a través de una fuerte tendencia misógina, no solo en su contenido y simbolismo, sino también en la forma en que ejerce la dominación de las conciencias a través del ejercicio del poder religioso.

A lo largo de los siglos del cristianismo, el papel de los teólogos se ha expresado de diferentes maneras. Han acompañado la evolución de las distintas comunidades cristianas a través de diversos periodos históricos y diferentes culturas, han enseñado en facultades de teología, se han convertido en asesores de grupos populares y de príncipes. De este modo, muchos teólogos se unieron a grupos con mayor poder e influencia social y desarrollaron su teología más cerca de los centros de decisión religiosa y política. Los sectores populares no elaboraban la teología como un saber académico, como literatura para ser estudiada, sino que experimentaban creencias en la vida cotidiana que les ayudaban a llevar sus pesadas cargas, buscar protección en fuerzas supraterrenales, exorcizar sus miedos y celebrar los momentos que consideraban importantes. Transmitían sus creencias oralmente a sus familias, mezcladas con las enseñanzas del clero, para constituir lo que llamamos «cultura religiosa popular». Esta dinámica se implantó en forma católica romana, ortodoxa o protestante en los distintos continentes o países donde el cristianismo se impuso o se recibió como una opción. Y esta cultura, penetrando en nuestras emociones y comportamientos, está arraigada en nosotros de tal manera que a menudo es difícil introducir nuevas formas de acercarse al fenómeno religioso o captar la evolución de las religiones, así como modificar ciertas interpretaciones y contenidos que nos convierten en cautivos de sistemas culturales arcaicos. Nuestras creencias nos dominan, y, para que se ajusten a las nuevas exigencias y retos del mundo, necesitan tiempo y reflexión con el fin de que podamos experimentar el mundo de otra manera.

4

Etapas históricas de la teología cristiana

Un rápido repaso histórico puede ayudarnos a comprender los cambios no solo en la teología, sino también en el papel de los teólogos. Haré un breve recorrido por algunas de sus grandes etapas en un intento de mostrar los cambios del contenido de este saber que llamamos «teología cristiana» y su dependencia de los contextos y acontecimientos históricos, políticos y sociales. Este breve repaso está sin duda marcado por mi forma de ver el cristianismo y es, por tanto, una interpretación entre otras.

Diferenciaré cinco periodos:

— El movimiento de Jesús.
— El Imperio Romano y la teología patrística.
— La Edad Media.
— La Modernidad.
— El mundo contemporáneo.

El movimiento de Jesús

A Jesús de Nazaret se le atribuye el inicio de un movimiento religioso-político dentro del judaísmo en el siglo I de nuestra era. De la evolución de este movimiento en el interior del judaísmo habría nacido el cristianismo. En este orden de cosas, debemos recordar, en primer lugar, que el personaje de Jesús es objeto de múltiples interpretaciones por parte de diferentes grupos de seguidores, y cada uno ha descrito su perfil y sus acciones en función de su propia ideología, de sus necesidades y de su contexto cultural y político específico.

No será posible resumir las interpretaciones más importantes en un texto breve como este porque Jesús no escribió nada y se escribió y se escribe sobre él de múltiples y variadas maneras. Estas interpretaciones existen y los textos más cercanos a la experiencia de Jesús son los del llamado «Nuevo Testamento», los cuales también revelan diferentes perspectivas y puntos de vista a veces contradictorios en relación con el contexto y las acciones de Jesús, aunque también presentan sorprendentes similitudes entre sí. Por ejemplo, el Evangelio de Marcos (el más antiguo de los cuatro Evangelios) parece indicar que desde el principio de la misión de Jesús hubo un conflicto abierto entre él y la sinagoga judía, así como tensiones con el Imperio Romano. Lucas, en cambio, parece mostrar una convivencia menos conflictiva con estas instituciones. Sin embargo, todos los evangelistas coinciden en el hecho de que la misión de Jesús consistía en traer a los marginados de vuelta a la vida, de diferentes maneras, y que con sus palabras y acciones fue capaz de despertar la ira de los poderes establecidos. Cada evangelista y cada escritor del Nuevo Testamento aportan datos sobre la misión de Jesús, y estos datos tienen que ver con la visión de los autores y los problemas vividos en el momento histórico en el que escribían. Ninguno de ellos conoció a Jesús directamente, sino solo a través de tradiciones orales y enseñanzas obtenidas de las comunidades cristianas. Por eso se produce a menudo una especie de encuentro más o menos conflictivo entre dos momentos históricos: el de Jesús y el del autor del Evangelio. La misma tensión se produce en los siglos siguientes, cuando cada grupo empieza a reivindicar su interpretación de Jesús como la representación más fiel de la realidad de su persona y de sus deseos más profundos. En la actualidad, esta tensión persiste de forma, a menudo, conflictiva.

Estas consideraciones nos enseñan que la figura de Jesús, tal como se nos presenta, incluye, por tanto, una multiplicidad de datos e interpretaciones que van más allá del Jesús histórico, del que tenemos poco conocimiento. Por esta razón, la vida del Jesús histórico es hasta cierto punto inaccesible, ya que no escribió nada sobre sí mismo ni sobre su época. Nos movemos a través de las huellas de su historia, de las informaciones e interpretaciones de su paso por nuestro agitado mundo. A partir de una tradición oral escrita posteriormente (el Nuevo Testamento), cada seguidor adoptó lo que le pareció más acorde con su vida y su búsqueda. Disponemos de algunos datos históricos que nos dan referencias sobre Jesús, pero hay que admitir que estos datos también han sido objeto de múltiples interpretaciones.

Tras su muerte en la cruz, Jesús se transformó en la referencia máxima de una religión, el cristianismo, y de él nacieron también numerosos cristianismos. Así, los diferentes cristianismos generaron muchas teologías dentro de lo que llamamos «teología». Para algunos, la idea central del cristianismo se explica por la creencia de que Jesús es el Hijo único de Dios, un Hijo que se encarnó para mostrarnos de nuevo el camino hacia Dios. Esta interpretación fue asumida por las comunidades cristianas oficiales después de Constantino y tiene que ver con una herencia judía en la que se dice que los seres humanos —hombres y mujeres— se han alejado de Dios por el pecado. Se trata, sobre todo, del pecado de Adán y Eva, el llamado «mito adánico de la Caída», relatado en el libro del Génesis. Solo la magnanimidad de Dios, creador y conocedor del ser humano, es capaz de rescatar al ser humano caído o perdido. Por eso, Dios envía a su propio hijo, que también es considerado Dios, para salvarnos y, así, abrirnos de nuevo el camino de la reconciliación con nuestro origen divino. A partir de esta afirmación fundamental, a lo largo de estos dos mil años de cristianismo, se han propuesto muchos caminos para unirnos con Dios. Y estas interpretaciones continúan hoy, tanto dentro como fuera de las Iglesias. Basta recordar la cantidad de películas y obras literarias que se han creado, sobre todo en el siglo XX, en torno a este personaje que ha sido un punto de referencia en la vida de tanta gente.

Otros han dicho que la idea central del cristianismo se funda en un renacimiento ético inspirado en los antiguos profetas y profetisas de Israel y expresado mediante la afirmación del derecho a la vida de los marginados, de los considerados escoria por los poderosos de este mundo. Jesús de Nazaret sería un líder de este movimiento de revisión histórica en el judaísmo de su tiempo. Por eso, a través de las famosas bienaventuranzas (Mt 5, 1-12; Lc 6, 20-23), tanto el evangelista Mateo como Lucas muestran la inclusión de los que sufren, de los que lloran, de los que tienen hambre y sed de justicia, de los perseguidos, como los primeros beneficiarios del Reino de Dios, partícipes de la felicidad definitiva prometida por Dios. En esta ética, el considerado «último» se convierte en el primero, los no invitados al banquete pasan a ser invitados, el amo deviene siervo, el señor lava los pies de los discípulos, la prostituta precede a los sabios en el Reino de los Cielos y los niños son ejemplos de aceptación del mensaje de Jesús. El simbolismo del relato se invierte, es decir, se utilizan los mismos símbolos con un significado diferente. Jesús es proclamado rey, pero se le coloca una corona de espinas en la cabeza, muere entre dos ladrones y fuera de las murallas de

Jerusalén, la ciudad santa del judaísmo. Los partidarios de un cristianismo ético destacan precisamente esta experiencia de revisión del orden «normalizado» del mundo como la dimensión central y constitutiva de la experiencia de Jesús y de su movimiento.

Desde esta perspectiva histórica, podemos ver que cada teología, como sistematización de la experiencia religiosa cristiana de una época, enfatizará un aspecto u otro, dependiendo de la posición social de sus miembros y de las opciones políticas y sociales de quienes la realizan.

Es importante recordar que Jesús era judío, es decir, que nació en la tradición judía y en ella se inspiró para sus acciones, que no siempre fueron ortodoxas en relación con el judaísmo de su época. En aquel tiempo, Judea estaba dominada por el Imperio Romano y los romanos permitían que se practicara la religión judía en la medida en que el Templo y sus dirigentes se mantuvieran obedientes a las órdenes del emperador. Existía una especie de coexistencia pacífica entre los responsables del poder imperial y los responsables del poder religioso. Sin embargo, no ocurría lo mismo con ciertos grupos populares. Un gran número de revueltas contra la presencia del Imperio y sus políticas estallaron entre los grupos que representaban los intereses de las masas populares. El descontento general por los elevados impuestos y el aumento de la pobreza y la marginación eran moneda corriente entre la población.

El movimiento de Jesús fue uno de los muchos que expresaron su descontento con la política del Imperio y con la complicidad de los dirigentes del Templo, que utilizaban el nombre de Dios para, en cierto modo, mantener una alianza con la dominación romana. Por eso, los autores del Nuevo Testamento recuerdan a menudo en sus escritos que los judíos se desviaron de las promesas de Dios en el Antiguo Testamento, olvidaron lo que estaba escrito en los profetas y, sobre todo, negaron lo que sus padres habían vivido como fidelidad a

Dios. Con Jesús, todos los hombres son invitados a «volver» a la práctica del amor y de la justicia, como en la primitiva tradición judía. Tras su muerte, Jesús es reconocido y proclamado como el Mesías esperado, el que reunirá a todos los pueblos con Dios y no solo a la casa de Israel. A través del cristianismo surgió un nuevo universalismo teológico que, aunque significaba criticar el *statu quo,* sería gradualmente absorbido por la nueva geopolítica del Imperio Romano.

Cuando leemos el Nuevo Testamento, no siempre nos damos cuenta de la realidad histórica que subyace al texto y de sus diferentes condicionantes. Nos acostumbramos a escuchar o leer pasajes de los Evangelios sin ver que hay contextos políticos, sociales, económicos y personales más amplios presentes en la propia composición de esos textos. Además, no tenemos la costumbre de preguntarnos cuál es la diferencia entre el contexto de Marcos, Mateo, Lucas, Juan, Pablo, Pedro, Santiago, cuáles son las fuentes en las que se inspiraron y para qué público escribieron. A menudo puede decirse que no solo hay una mezcla entre el contexto de Jesús y el del autor del Evangelio, sino que también hay una mezcla entre nuestro contexto y los contextos antes mencionados. En general, leemos los textos como si fueran los escritos de Jesús, o escritos periodísticos sobre Jesús, aunque sabemos que Jesús no escribió nada de su propio puño y letra. Como hemos apuntado, lo que sabemos de él nos llega por los escritos y las interpretaciones indirectas de otros.

En este complejo universo de interpretaciones, una cosa parece clara: Jesús se diferencia de los asistentes al Templo y a la sinagoga por su cercanía a los pobres, los enfermos, los extranjeros y los marginados de todo tipo. Hace caso omiso de las leyes del sábado cuando se trata de curar vidas. Propone compartir el pan para que todos queden saciados. Parecía un milagrero, un cuentacuentos, un vagabundo con el propósito preciso de ayudar a la gente a estar sana, a ser autónoma y capaz de ayudarse mutuamente. El poder de su Dios se manifestaba en la transformación de las relaciones humanas para el bien de los más necesitados y en la posibilidad de que cada persona volviera a llevar una vida digna. La frase que le atribuye toda la tradición —«Ama a tu prójimo como a ti mismo»— constituye un criterio renovado de comportamiento ético para todas las generaciones de cristianos. A partir de ella, la tradición cristiana ha tratado de mantener la tensión entre las necesidades del yo y las necesidades de la comunidad humana como fuente de equilibrio, nunca totalmente alcanzado, con vistas a una sana convivencia en sociedad.

Los primeros seguidores de Jesús eran judíos como él, pero tras su muerte este movimiento se expandió y recibió nuevos miembros de pueblos de distinta procedencia. Eran los llamados «gentiles», pueblos conquistados diferentes de los judíos, pero que también vivían bajo el dominio romano. Muchos gentiles se adhirieron al cristianismo, en particular al cristianismo interpretado por el apóstol Pablo. Los historiadores de la época muestran que el número de cristianos procedentes de los gentiles empezó a superar al de los procedentes del judaísmo. Esta situación provocó conflictos internos en las sinagogas y entre los propios seguidores de Jesús, de modo que, hacia los años setenta, los cristianos fueron expulsados y apartados de las sinagogas.

Poco a poco, el cristianismo se convirtió en una nueva organización religiosa autónoma, aunque conservó muchos de sus orígenes judíos, reinterpretados a la luz de los nuevos acontecimientos históricos y de las narraciones hechas sobre la vida de Jesús de Nazaret. En este sentido, es interesante estudiar no solo las cartas de san Pablo, sino también los cuatro Evangelios, para comprender la diferencia de interpretación en relación con Jesús y el judaísmo. Cada interpretación nace de un contexto particular y, por tanto, obedece a objetivos particulares y es, por así decirlo, una nueva teología, una forma de entender la persona de Jesús y su relación con la comunidad de creyentes, dentro de su propio contexto histórico y cultural.

Los seguidores de Jesús, más tarde llamados «cristianos», no gozaban de la aceptación de las autoridades que representaban al Imperio Romano ni de ciertos grupos de judíos. Como leemos en los relatos evangélicos y en otros textos del Nuevo Testamento, Jesús y, más tarde, sus seguidores fueron acusados de socavar el orden establecido mediante comportamientos e ideas que podían ser perjudiciales para la continuidad del poder imperial. No debemos olvidar que Jesús fue perseguido y condenado a muerte por crucifixión mediante una alianza entre el poder imperial y el poder del Templo, corroborada por las masas populares que gritaban: «¡Crucificadlo!».

Tras la muerte de Jesús, se desarrolló la creencia en la continuidad de su vida. Se subrayó su filiación divina y se entendió la resurrección como victoria sobre la muerte y como expresión de su identificación con Dios. Dios no muere, siempre está vivo entre nosotros. Jesús es proclamado como el resucitado que vive en medio de la comunidad de seguidores: Emmanuel, que significa «Dios con nosotros». Seguía vivo a través del recuerdo repetido de los gestos que tuvo y de los valores que vivió. Poco a poco, estas experiencias de fe prepararon las proclamaciones dogmáticas del siglo IV sobre la nueva identidad de Jesús: el verdadero hombre y el verdadero Dios.

Pocos años después de la crucifixión y muerte de Jesús, muchos hombres y mujeres fueron martirizados por orden de los emperadores romanos. Conocemos por datos históricos, por leyendas y últimamente por muchas películas en las que se mezclan historia y ficción episodios en los que cristianos —mujeres y hombres— eran entregados a las fieras hambrientas de un espectáculo circense. El martirio de cientos de personas fue objeto de reflexión para muchos pensadores cristianos de los primeros siglos, que llegaron a ver en la entrega de vidas al martirio una afirmación de la verdad absoluta de Dios presente en el cristianismo. Es más, llegaron a interpretar este gesto como la forma suprema de fidelidad al

Dios de Jesucristo y no de sumisión al emperador romano. También veían el martirio como la forma más radical de seguir a Jesús. Por esta razón, se creía que estos mártires eran recibidos por Dios en el cielo y eran motivo de alegría y regocijo para la comunidad cristiana. Aún hoy, los nombres de muchos mártires de la época se recuerdan en las celebraciones de las Iglesias cristianas y se presentan como ejemplos dignos de imitar.

En aquellos primeros tiempos del cristianismo, no podemos decir que existiera una única teología sistematizada. La comunidad cristiana ni siquiera utilizaba la palabra «teología». Existía un incipiente movimiento sociorreligioso en torno a un personaje histórico que, tras su crucifixión y muerte, fue idealizado y deificado. Esta idealización correspondía a los valores de la vida y a las creencias de un buen número de personas preocupadas por construir una verdadera comunidad de hermanas y hermanos. Se pensaba, por ejemplo, que entre cristianos no podía haber necesitados y que compartiendo los bienes y ayudando a aquellos se podían reconstruir las relaciones entre las personas. Del mismo modo, acogiendo y cuidando a los enfermos y a los extranjeros, se acogía al propio Jesús, proclamado más tarde Señor de la Historia. Su señorío en la Historia no provenía de un poder semejante al de los grandes de este mundo, sino del hecho de que se hizo servidor de todos. En la carta de Pablo a los Filipenses y en otros textos aparece la idea de la condición divina de Jesús. No se aprovechó de ello, sino que se hizo siervo de los necesitados. Se humilló, se hizo siervo y recibió como respuesta el rechazo de muchos por su gesto de amor, así como la crucifixión y la muerte en la cruz. Dios acoge su sacrificio y su obediencia total a los caminos tomados de su vida en pos de hacer el bien. Por eso los sufrientes y humillados del mundo, los enfermos y agraviados se vieron reflejados en su figura y creyeron encontrar en él la esperanza de restaurar sus vidas. El Reino de los Cielos sería suyo, porque

Jesús fue el primero en abrir el camino de la salvación a los oprimidos. Un nuevo mito de la esperanza humana comenzó a ser delineado en el horizonte cristiano.

El Imperio Romano y la teología patrística

La paz del Imperio Romano con los cristianos llegó unos siglos más tarde y se consolidó plenamente con Constantino cuando este, manifestándose converso a la nueva fe, declaró su Imperio igualmente cristiano. Este hecho aconteció en el año 312. Hasta entonces perseguido, el cristianismo se convirtió en la religión oficial del Imperio. Se trató, sin duda, de un gran gesto político de Constantino ante el crecimiento del cristianismo en diversas regiones de sus dominios. Por ello, puede decirse que este acontecimiento marcará toda la teología posterior hasta nuestros días, ya que en muchos lugares todavía nos debatimos entre un Estado laico y un Estado bajo la influencia directa o indirecta del poder religioso.

La teología de los primeros siglos del cristianismo estuvo marcada por una innegable nota de expansionismo. Desde finales del siglo I, empezaron a existir comunidades cristianas en muchas regiones de Asia Menor y del norte de África. Es lo que se conoce como «época apostólica», es decir, la expansión de las comunidades a partir de la labor de los apóstoles de Jesús, como atestiguan las distintas cartas a esas comunidades cristianas presentes en el Nuevo Testamento. Una de las notas características de esta teología fue desarrollar en los cristianos la idea de que habían sido elegidos por Dios para hacer el bien a partir de su marginación en el Imperio y en el Templo. Extranjeros, enfermos, prostitutas, pescadores, artesanos, mujeres y otros marginados asumen un papel privilegiado en compañía de Jesús y en la formación de las primeras comunidades cristianas. No fueron abandonados a su suerte, sino rescatados por su fe. Así, se creía que el Dios de Jesús era diferente de los dioses del Imperio y del dios de la pureza judía del Templo. Era un Dios para los marginados, un Dios que despertaba en las personas el deseo de alcanzar una vida digna y de reconocerse como iguales.

Según algunos historiadores de la época, había muchos marginados de diversa índole que se adherían a la creencia predicada por Jesús. Creían que el Reino de un Dios diferente les pertenecía, que tenían un Dios, es decir, una fuerza y una referencia superiores que garantizaban y validaban su lucha y el valor de sus vidas. A pesar de ello, hay que decir que, a lo largo de la historia del cristianismo, la valoración de los marginados ha sido transformada y, a menudo, utilizada ideológicamente por los poderosos. Empezaron a prometer la realización de la dignidad humana en otra vida, ya que las élites, temerosas de perder sus privilegios, no permitían la igualdad y la justicia en las relaciones de ese momento. La «vida después de la muerte» —el cielo— se convirtió en el lugar de esperanza para quienes parecían condenados a sufrir las injusticias terrenales. Y hasta que llegara el cielo, se podía hacer más llevadera la vida de los pobres mediante obras de caridad.

Desde un punto de vista cronológico, tras la fase inicial del cristianismo conocida como «Iglesia apostólica», viene la producción teológica de los llamados «Padres» o «Padres de la Iglesia». Estos son considerados los primeros teólogos, tanto en Occidente como en Oriente, ya que iniciaron la sistematización de los datos de la fe cristiana basándose en la razón filosófica. Los estudiosos de este periodo histórico suelen dividir a los Padres de la Iglesia en padres griegos, porque escribieron en griego, y padres latinos, porque lo hicieron en latín. Entre los padres griegos más conocidos recordamos a Justino († 165), Clemente de Alejandría († 215), Orígenes († 253), Gregorio Nacianceno († 390), Basilio el Grande († 379), Gregorio Niseno († 394). Entre los padres latinos, recordamos a Tertuliano († 213), Minucio Félix († 214), Arnobio († 303) y al gran maestro de la patrística latina, Agustín de Hipona, nacido en 354 en Tagasta, norte de África.

La rica obra de estos autores sirvió de base a toda la teología posterior. Además de su preocupación por justificar la verdad del cristianismo en aras de la justicia social y la reconstrucción de las buenas costumbres, trataron de mostrar la superioridad de las verdades de fe sobre las verdades de la filosofía y la ciencia. Estaban convencidos de que la revelación de Dios a través del cristianismo era la base de todas las verdades humanas. Estas verdades tenían que ver con la afirmación de la existencia de Dios como Trinidad: Padre, Hijo y Espíritu Santo, y la afirmación de la encarnación del Hijo único de Dios, Jesús, con vistas a la salvación humana. Los Padres teólogos de la Iglesia utilizaron a menudo categorías filosóficas platónicas y neoplatónicas que justificaban la existencia de un mundo superior, un absoluto, del que todo procede y al que todo volverá. Muchos teólogos interpretaron este absoluto como el Dios cristiano, y el camino de los cristianos, como un camino de regreso a Dios, de la tierra al cielo, donde vivirían en feliz unión con Dios Padre. La vida terrenal era solo un pasaje hasta que pudieran disfrutar de la plenitud de la vida en el cielo, donde ya no habría dolor ni sufrimiento. Jesús era el ejemplo que seguir, el camino para todos los que querían la vida plena en Dios. Él, que hizo todo el bien en la tierra, murió en la cruz, resucitó y vive en Dios.

La patrística puede ser considerada un periodo de gran riqueza en la producción teológica, no solo por el especial contexto histórico del cristianismo, sino por las tesis que desarrolló sobre la comprensión del ser humano en su búsqueda de Dios.

La Edad Media

Hablar de teología de la Edad Media es referirse a un largo periodo histórico comprendido entre los siglos VI y XV. Hasta el siglo XI, la teología cristiana se desarrolló en Oriente y Occidente siguiendo la antigua división del Imperio Romano, la de Oriente con capital en Constantinopla y la de Occidente con capital en Roma. Los conflictos entre Oriente y Occidente se manifestaron desde el principio de la organización de los patriarcados. Pero por diferentes razones doctrinales y, sobre todo, por razones políticas marcadas por la ambición de los papas que querían someter a su autoridad a las Iglesias orientales, se fue gestando la ruptura. Los conflictos entre Oriente y Occidente culminaron en la separación de las dos Iglesias en 1054, en lo que se conoce como el Cisma de Oriente. Por eso, cuando en este capítulo hablamos de la teología de la Edad Media, debe quedar claro que se trata de la Edad Media europea, ya que en Europa Roma se convierte, en cierto modo, en el centro del cristianismo occidental. No estamos hablando de las Iglesias cristianas orientales, que tuvieron un desarrollo diferente y de las que sabemos muy poco en Occidente.

Desde Roma, el centro occidental, partieron las Cruzadas, se organizaron las guerras de religión y el cristianismo se extendió por distintas regiones no solo del continente europeo, sino también de otras partes del mundo. Europa Occidental dominaba entonces política y económicamente el escenario mundial y, por tanto, se la identifica con los periodos que hemos descrito. Solo Europa Occidental tiene historia, y los «otros pueblos» parecen vivir, según filósofos e historiadores, en una especie de prehistoria. Asimismo, posee la verdad del cristianismo, una verdad que se enseña en universidades, en monasterios y a través de proyectos misioneros privados y públicos.

A partir del siglo XII, la teología se convierte en ciencia y se enseña en las *escuelas teológicas.* De ahí el conocido nombre de «escolástica». Este periodo fue testigo de la gran sistematización de las ideas cristianas transformadas en conocimiento para transmitirlas a los fieles no solo como ciencia, sino como sabiduría para la vida. Por eso se abre el debate en torno a las verdades de la razón y las verdades de la fe. En su

Suma Teológica, santo Tomás de Aquino, uno de los grandes filósofos y teólogos de la época, afirma que la teología es fruto de una disciplina intelectual que expresa el encuentro entre la fe y la razón. La razón nos ayudaría a comprender las verdades de la fe, de modo que no habría oposición entre ambas. Por tanto, las ciencias nunca podrían oponerse a la fe, sino que, por el contrario, deberían someterse a ella. Santo Tomás utilizó categorías filosóficas, especialmente las de Aristóteles, para sistematizar las verdades de la fe y transmitirlas según el lenguaje y los problemas de su época. Durante la Edad Media, los monasterios y las universidades católicos fueron los grandes centros de difusión de la cultura humanista cristiana. A pesar del gran servicio que prestaron al mundo de la época, también crearon un cisma entre el cristianismo vivido por los intelectuales, especialmente los hombres, y el cristianismo vivido por los pobres o los simples fieles.

A partir del siglo XIII, sin embargo, este esfuerzo por comprender la fe comenzó a deteriorarse, y la teología escolástica se redujo y se convirtió en una especie de auxiliar del magisterio eclesiástico. En otras palabras, ya no se trataba de ayudar a los creyentes a comprender su fe, sino de justificar las verdades de la teología como defensa contra las llamadas «doctrinas falsas» o «heréticas». Este proceso fortaleció al clero y encerró la vida cristiana en conceptos fijos, determinando los contenidos teológicos como realidades establecidas para siempre. Es habitual decir que durante este periodo se desarrollaron argumentos y reflexiones alejados de la vida concreta de las personas y las comunidades. Esta actitud de defensa exacerbada de las verdades cristianas dio origen al llamado «Santo Oficio», la Inquisición católica romana, que pretendía proteger las verdades de la fe consideradas inmutables. Así, en nombre de las verdades definidas por la autoridad eclesiástica, los «inquisidores» perseguían a todos aquellos que parecían desviarse de la llamada «verdad única». De esta época data la famosa persecución de brujas en muchos países europeos, especialmente los germánicos. Los pensadores y científicos que se atrevían a discrepar de las afirmaciones establecidas como verdades incuestionables eran perseguidos y castigados. Así, se produce la degradación de la razón, la decadencia del pensamiento y el fomento del oscurantismo en nombre de una supuesta verdad sobre Dios y su revelación al mundo. Conviene recordar que, poco a poco, fueron surgiendo numerosos movimientos de oposición al centralismo romano y a sus comportamientos draconianos. Estos movimientos prepararon un ambiente favorable a las tesis defendidas por los principales reformadores. Su pensamiento y sus acciones presagiaban el fin de la hegemonía católica romana en el mundo europeo y en el llamado «Nuevo Mundo». También anunciaron el fin de una teología hegemónica liderada por la Iglesia católica, aunque la tentación de la hegemonía siguió existiendo, de forma diferente, a lo largo de los siglos siguientes. Este parece ser un comportamiento típico del catolicismo romano, que se ha visto especialmente socavado por muchos movimientos de protesta.

La Modernidad

Una vez más, cuando hablamos de Modernidad, nos referimos en particular a Europa Occidental, considerada el centro político y cultural del mundo. El término «Modernidad» no se aplica de la misma manera a los pueblos asiáticos, a los africanos o a los de aquellas tierras que más tarde se llamaron «América Latina». Vivíamos una historia diferente y, por tanto, nuestras referencias eran distintas. Pero nuestra historia fue casi borrada y se nos impusieron conceptos e interpretaciones de nuestra propia historia basados en referencias ajenas a nuestro universo cultural. Por eso debe quedar claro que estamos hablando ante todo de Europa Occidental y de la gran influencia y expansión de los europeos por todo el mundo conocido. Estamos hablando de los proyectos de colonización llevados a cabo por la realeza europea y de la anexión de los pueblos «descubiertos» en el Nuevo Mundo a los reinos europeos. También nos referimos a los nuevos paradigmas de la ciencia y la filosofía que no solo posibilitaron nuevos conocimientos, sino que se utilizaron para conceptualizar y dominar a los pueblos llamados «salvajes». Desde el punto de vista de la historia del cristianismo, recordamos una importante ruptura en el seno de la Iglesia cristiana occidental provocada por la Reforma protestante. La acción y la teología de grandes reformadores como Martín Lutero, justificadas en gran medida por los abusos de poder de la Iglesia católica romana, condujeron a una reorganización de las comunidades cristianas y a una nueva política teológica en el mundo. Los reyes católicos y los reyes protestantes dividieron el mundo política y religiosamente.

Los siglos XV y XVI proporcionan un marco importante para la comprensión que el hombre europeo tiene de sí mismo y de los pueblos que conquista. La ciencia, las artes, los grandes inventos, las grandes navegaciones, la expansión del comercio y el contacto con pueblos diferentes crearon nuevas formas de pensar y, en consecuencia, una nueva teología. Esta nueva teología debía ser la misma para Europa y el Nuevo Mundo, independientemente de las diferencias existentes. Los pueblos recién conquistados debían pertenecer a Dios y al rey o, dicho de otro modo, debían ser miembros de la Iglesia del rey o del príncipe.

La Modernidad europea estaba convencida de la superioridad del hombre europeo. Desde que, en 1629, Descartes afirmó la preeminencia del pensamiento como forma de afirmar la existencia —«pienso, luego existo»—, ya estaba, en cierto modo, sosteniendo la primacía del pensamiento masculino europeo occidental sobre la materia o, en términos de filosofía política, el argumento de la dominación sobre los pueblos considerados impropiamente «de poco raciocinio», los salvajes del Nuevo Mundo, las mujeres, los esclavos y otros que escapaban a la normatividad de la razón dominante. Solo unos pocos hombres gozaban realmente del derecho de pensar su existencia, y esta convicción se hizo más clara con la colonización. Los nuevos dominadores pensaron y dominaron la «materia» o materialidad de los cuerpos del Nuevo Mundo, sus espacios, sus culturas, sus creencias. Destruirlos o transformarlos parecía un servicio para ayudar al Dios único, adorado y propuesto por los colonizadores.

Desde el punto de vista religioso, la Iglesia católica del siglo XVI creía tener la primacía del pensamiento religioso y la posesión de la verdad de la fe, por lo que podía convertir a ella a los pueblos que aún no habían visto la luz de la verdad de Cristo. Considerándose dueña de la única verdad sobre Dios, se sentía moralmente obligada a imponer a los nuevos pueblos sus verdades de fe y sus directrices sobre la moral y las costumbres. Los choques entre el cristianismo colonial y las creencias de los pueblos autóctonos fueron grandes. Y, como suele ocurrir, los dueños de las armas de la guerra y de las armas de la persuasión acabaron venciendo y convirtiéndose en amos.

La teología que se desarrolló durante este periodo en América Latina es de dos tipos. Había quienes defendían los derechos de los pueblos originarios en nombre de las enseñanzas bíblicas, como Bartolomé de las Casas, y quienes sospechaban que los pueblos originarios, conocidos como «indígenas», no tenían alma. Si prevalecía esta segunda hipótesis, la autoridad de los conquistadores podría ejercerse más fácilmente, ya que los «cuasihumanos» no necesitaban ser consultados, sino solo dirigidos y obligados a aceptar el bien que no conocían. Sin duda, la segunda hipótesis teológica fue la vencedora, y a ella debemos algunas de las desastrosas consecuencias culturales y políticas que persisten hasta hoy en la vida de los pueblos latinoamericanos.

La teología europea moderna ha pasado por diferentes fases, aunque siempre ha mantenido su característica fundamental de creerse la única verdad revelada por Dios y, por tanto, con derecho a entrar en los rincones más lejanos del mundo, combinando la religión con procesos de dominación política. A pesar de esta convicción, no pocos clérigos y simples creyentes apoyaron los procesos de independencia, el respeto a los pueblos originarios y los diversos movimientos antiesclavistas que se desarrollaron en las colonias, especialmente a partir del siglo XVIII. Mientras tanto, la mayoría de los representantes de la Iglesia apoyaban a las fuerzas de dominación vigentes en el continente. Esto nos permite constatar claramente que las instituciones religiosas y las teologías tienen poder político y oscilan hacia un lado u otro según los diferentes intereses en juego.

El mundo contemporáneo

Hablar del mundo contemporáneo es hablar de algo extremadamente complejo porque, en cierto modo, estamos en él y carecemos de cierta distancia histórica necesaria para un análisis más diversificado y completo. Desde un punto de vista espaciotemporal, ¿cuándo comienza el mundo contemporáneo? A los historiadores les resulta difícil ponerse de acuerdo, sobre todo porque la comprensión del mundo contemporáneo suele estar marcada únicamente por las características de la historia europea y, más recientemente, de la historia de los Estados Unidos de América. La inclusión de cualquier episodio o acontecimiento en el marco de la época contemporánea es, por tanto, relativa. Sin embargo, como necesitamos orientarnos temporalmente, convendremos en que el mundo contemporáneo comienza al final de la Segunda Guerra Mundial. Se trata, sin duda, de una convención, pero esta guerra no solo implicó a los pueblos de Europa, sino que también afectó a pueblos de diferentes países que apoyaban a una u otra de las partes en litigio. Se trata, pues, de los últimos setenta y cinco años de la historia de la humanidad. La expresión «mundo contemporáneo» también tiene que ver con una serie de acontecimientos de los que muchos de nosotros somos testigos, ya sea porque algunos los vivimos a nuestra manera o porque, en cierto modo, nos son cronológicamente más cercanos.

El final de la Segunda Guerra Mundial marca el pensamiento europeo y, por extensión, el de muchos países, dada nuestra dependencia cultural. Por ejemplo, las cuestiones planteadas por el existencialismo filosófico sobre el sentido de la vida y el significado de la historia humana ocupan un amplio espacio en la discusión contemporánea. Frente a la trágica capacidad humana de destrucción, algunas preguntas fundamentales ocupan la mente de muchas personas, haciendo hincapié en el aspecto trágico de la vida: ¿quiénes somos?, ¿de dónde procede esta capacidad de destruirnos no solo a nosotros mismos, sino también al planeta en el que vivimos?, ¿qué certezas podemos tener en el presente y para el futuro?, ¿será la muerte nuestra única gran certeza? O incluso, ¿cómo podemos hablar de Dios ante las innumerables tragedias humanas, masacres, campos de concentración y conflictos religiosos?

Las corrientes filosóficas marcadas por el existencialismo dirigieron su atención a estas cuestiones y algunas las vincularon a los problemas sociales planteados desde el siglo XIX. Me refiero en particular al pensamiento marxista, que, al analizar la sociedad capitalista de su tiempo, denunció la dominación del hombre por el hombre y de una clase social sobre otra. El creciente afán de lucro ha llevado a convertir a miles de personas en «objetos» desechables de un sistema que sobrevive dominando a la mayoría. A partir de entonces, el marxismo planteó etapas de liberación de esta situación de explotación recíproca y apostó por una solución utópica, expresada a través de la instauración de una sociedad sin clases. La posguerra retomó algunas ideas marxistas, mezclándolas con cuestiones del existencialismo y con el deseo de superar la dominación del capitalismo. No se trataba solo de hablar de situaciones filosóficas abstractas, sino de darse cuenta de que el mundo de la miseria corresponde a la mayoría, un mundo en el que falta el sentido mismo de la vida humana hasta el punto de que nos descubrimos artífices del horror, constructores de campos de concentración, destructores unos de otros.

La mayoría de las ideas filosóficas vigentes en aquella época van a influir en la teología cristiana. Muchos pensadores y movimientos sociales vieron en el existencialismo y el marxismo una especie de retorno a la ética cristiana, desde la que se nos invita a «amar al prójimo como a nosotros mismos». En muchos países, la década de 1960 fue testigo de una impresionante multiplicación de movimientos religiosos que trataban cuestiones sociales de forma más politizada y crítica. En esa época, la teología empezó a adquirir una dimensión y una acción más sociales en el mundo, identificándolas con la espiritualidad. Muchos tomarán la famosa frase de Santiago en su primera carta: «Muéstrame tu fe por tus obras», así como la frase atribuida a Jesús: «Todo lo que hagáis por el más pequeño de estos hermanos, por mí lo hacéis», como confirmación de la importancia de la lucha social por un mundo mejor. Y un mundo mejor, más justo y unido se convierte en expresión de la voluntad de Dios para la humanidad. La tradición del Nuevo Testamento se lee entonces desde la perspectiva del compromiso social y de la lucha por la justicia en los distintos sectores de la sociedad. Así, el compromiso por la justicia en el mundo se convierte en una forma de unión con Dios y en una expresión manifiesta de nuestro amor. Esta forma de pensar se denominó en su momento «teología de las realidades terrenas» en contraposición a la teología de las cosas celestiales.

Hablar del mundo contemporáneo significa también hablar de los acontecimientos recientes. Y en este contexto, la Teología de la Liberación, dada su importancia para nuestro continente, debe ser recordada en sus grandes líneas. Sin embargo, antes de explicar algo sobre ella, vale la pena recordar que en la América Latina contemporánea han surgido muchas otras teologías. Me refiero, en particular, al fenómeno de las nuevas Iglesias neopentecostales (Igreja Universal, Igreja da Graça, Igreja Mundial, Igreja Renascer, entre muchas otras), que, además de espacios físicos, ocupan mucho espacio en los medios de comunicación y en la formación religiosa de muchos grupos. Dados sus objetivos, este texto no puede ofrecer un análisis de su historia, acciones y teología. Recordamos su existencia y constatamos su sorprendente crecimiento en los últimos años. Estas Iglesias parecen insistir en la relación individual de cada creyente con Dios, en una lectura fundamentalista de la Biblia que legitima el crecimiento de la riqueza individual. Su preocupación por la responsabilidad social y la política colectiva consiste generalmente en preservar la misma estructura social jerárquica en la que vivimos, insistiendo en la riqueza como algo deseado por Dios. Así, es habitual decir que sus teólogos trabajan en consonancia con la teología de la abundancia. Basándose en este pensamiento, se cree que, si cada persona se esmera, podrá expulsar las fuerzas demoníacas que la mantienen prisionera de una fe falsa o de una situación social desesperada. Fieles a Dios y a sus pastores, el individuo y su familia serán felices, tendrán posesiones abundantes y una posición socialmente reconocida y valorada.

Los estudiosos de estos fenómenos religiosos en el siglo XXI han demostrado la relación entre estas nuevas religiones y las fuerzas conservadoras de la sociedad; han señalado que la mayoría de las veces favorecen a una élite en detrimento de la gran masa de la población. Esta última sigue creyendo en falsas promesas y hace todo lo posible por mantener sus instituciones religiosas. De este modo, las nuevas Iglesias se han convertido en fuentes de explotación de la buena fe del pueblo y de mantenimiento de su atraso cultural. Es más, han ocupado un lugar destacado en los partidos políticos y los gobiernos como afirmación de una identidad política que creen fundada en el Dios bíblico. El gran éxito de estas Iglesias es una expresión de la crisis política y de la crisis del humanismo que estamos viviendo a escala mundial. Sus miembros imaginan que tienen respuestas claras en un mundo en el que se han perdido las garantías tradicionales. Recuperan una religión de cuño dogmático y fundamentalista para restaurar la seguridad de las personas y reinventar —más que copiar del pasado— un modo de vida religioso que tiende, por un lado, a fortalecer las actuales expresiones de dominación del capitalismo mundial y, por otro, a aliviar el sufrimiento y las tensiones en la vida de muchos grupos humanos. Las paradojas son abundantes y nos invitan a aprender nuevamente sobre la especie humana que somos.

5

Teología de la Liberación en América Latina

En esta reflexión sobre lo que es la teología, la Teología de la Liberación merece ser destacada particularmente, dada su importancia no solo en nuestro continente latinoamericano, sino también en otras partes del mundo. Creo que, por primera vez, partiendo de nuestra historia colonizada y de nuestro propio contexto, hemos sido capaces de releer creativamente la tradición cristiana y, de manera particular, la tradición del cristianismo social. A partir de esta relectura se hizo posible que numerosos grupos y personas apoyaran diferentes movimientos de liberación social a través de la teología.

La Teología de la Liberación nació en América Latina a finales de los años sesenta y principios de los setenta. Vivíamos en un contexto de dominación económica, con la expansión de nuevas formas de capitalismo internacional y de opresión política a través de la instauración de dictaduras militares en la mayoría de los países latinoamericanos. Además de los movimientos sociales que se organizaron para afrontar esta situación, muchos movimientos políticos clandestinos también lo hicieron no solo para derrocar al militarismo, sino para crear nuevas formas de gobierno democrático y caminos alternativos hacia una economía inclusiva y distributiva. Muchos cristianos formaron parte de estos movimientos y comenzaron a preguntarse qué sentido tenía su fe cristiana o creer en un Dios Amoroso frente a la tragedia de las injusticias sociales, la violencia institucionalizada expresada a través del hambre, el desempleo, la falta de vivienda y muchos otros males económicos y sociales. Sabemos que esta pregunta es nueva solo en su formulación contextual ya que, desde los inicios del cristianismo, numerosos grupos se han enfrentado al problema del sentido de su fe religiosa frente a los diferentes desafíos del mundo. Asimismo, a partir de la enorme cantidad de problemas que plantean desafíos a la historia latinoamericana, muchas personas se sintieron invitadas a retomar su fe en las doctrinas tradicionales del cristianismo y revisarlas a la luz del momento presente. No querían limitarse a repetir las antiguas doctrinas de las Iglesias cristianas sin preguntarse por su pertinencia en la historia actual.

Una de las nociones centrales del cristianismo es la de *salvación*. A través de ella, la tradición cristiana ha subrayado su creencia de que Dios interviene en la vida de las personas, rescatándolas del pecado y restableciendo con ellas una alianza de amor. A lo largo de la historia cristiana, se desarrolló la idea de que esta salvación, dados los límites de la historia humana, sería supraterrenal, es decir, más allá de la historia. También estaría mediada por la Iglesia jerárquica, que propondría a los fieles caminos espirituales para acercarse a Dios. Esta propuesta de salvación duró hasta el siglo XX, cuando, a partir de los años setenta, teólogos latinoamericanos preocupados por el crecimiento de la pobreza empezaron a contemplar la salvación en términos de liberación histórica[5]. Pasa-

[5] Véase Gustavo Gutiérrez, *Teología de la liberación,* Salamanca, Ediciones Sígueme, 19.ª ed., 2022.

ron, entonces, a enfatizar una noción diferente de la salvación en la que esta se tornó principalmente en un proceso intramundano, es decir, una salvación basada en las obras, algo que tiene lugar en nuestras relaciones aquí y ahora. Es reconocer que, en el aquí y ahora, ignoramos las necesidades de los otros. Es en el aquí y ahora donde construimos relaciones sociales, económicas y políticas injustas, capaces de mantener a nuestros semejantes en condiciones infrahumanas. Es en el aquí y ahora donde somos capaces de matarnos entre nosotros para mantener un sistema de privilegios de clase, raza y sexo. Estos comportamientos se concibieron como una expresión del pecado social, el pecado como una ruptura en nuestras relaciones con los demás. En aquella época se hablaba mucho de «pecados sociales» para subrayar nuestra responsabilidad colectiva, ya que todos somos más o menos cómplices de este mal. Para curarnos o redimirnos de nuestras malas acciones, necesitamos crear procesos sociales colectivos en aras de construir relaciones de justicia en los distintos niveles de nuestras vidas. La salvación se convierte así en un proceso de liberación vivido dentro de los límites de nuestra historia, aunque no se descarta la idea de un misterio más allá de la vida individual.

La idea de una salvación más allá de la historia, tal como se enseñaba en el pasado, condujo a un distanciamiento de la realidad social cotidiana y de sus trágicos problemas. El mundo actual, con sus sufrimientos y alegrías temporales, ha encontrado alivio imaginando un mundo sin contradicciones, un mundo idealizado diseñado para después de esta vida. Allí seríamos perdonados y salvados por Dios de todas nuestras limitaciones, de todas nuestras imperfecciones, de toda nuestra incapacidad para amar. La salvación era algo dirigido sobre todo a la otra vida, en la que, libres de condicionamientos materiales, viviríamos para siempre en el amor de Dios.

En la América Latina de los años sesenta creció la conciencia de diferentes grupos sobre la situación de violencia, dependencia y dominación que vivían los países más pobres y, dentro de cada país, los excluidos de los bienes de la sociedad. Muchas personas perdieron su ingenuidad política con respecto a las estructuras económicas y sociales creadas en nuestro continente y a sus falsas promesas e ilusorias esperanzas de un futuro mejor. A partir de esta situación, muchos grupos abogaron por una revolución política y social que derivara, en términos generales, en la construcción de una sociedad plural y justa. Basada en nuevas relaciones de poder, sin someterse al deseo de dominación de otros países o de las élites de nuestros propios países, anunciaba nuevas posibilidades para una vida digna. Este proceso incluía un replanteamiento de las múltiples formas de dominación que habíamos creado entre nosotros y que manteníamos colectiva e individualmente. A causa de un orden social esclavista y, por tanto, injusto, se afirmó la necesidad de la liberación. La religión tenía mucho que ver con ese orden, ya que también fue cómplice de las diferentes formas de dominación. De esta situación sociopolítica injusta nació la Teología de la Liberación, planteada como respuesta actual de Dios a la agonía del pueblo. La frase «He oído los gritos de mi pueblo», tomada del capítulo 3 del libro del Éxodo, pasó a significar el compromiso actual de Dios y de los fieles para salir de la esclavitud del nuevo Egipto y de los nuevos faraones que dominaban la vida de la mayoría. Se trataba de hacer correr la voz de que Dios volvería a liberar a su pueblo, pero ahora especialmente al pueblo de América Latina, tal como lo hizo una vez con el pueblo de Israel, cuando lo sacó de la esclavitud de Egipto para llevarlo a la tierra prometida. En ese sentido, se retomó el estudio de los profetas de Israel para crear esperanza en los pobres que permanecían fieles a sus creencias religiosas cristianas. El profeta Isaías fue uno de los más citados para alimentar la esperanza de los pobres. Imagínense a los jornaleros y campesinos sin tierra oyendo que el Reino de Dios llegará pronto cuando los pobres «Ya no construirán casas para que otros las habiten ni plantarán viñas para que otros coman. Por fin disfrutarán del trabajo de sus manos» (Isaías 65: 21-22).

Del mismo modo, Jesús fue presentado como un combatiente por la justicia y retratado como un luchador de las causas sociales, alguien comprometido con la liberación de su pueblo del yugo romano y una inspiración para las luchas actuales. Una vez más, se insistió en que quienes trabajan en la lucha por la dignidad de los pobres y por su liberación social son continuadores del mismo movimiento liberador de Jesús y están, con sus acciones, haciendo posible el reinado de Dios en la historia de la humanidad.

A partir de esta identificación, las luchas populares encontraron una base religiosa, es decir, un fundamento teológico capaz de legitimar los esfuerzos por establecer relaciones de justicia y solidaridad. Esto fue de gran importancia, dado que la cultura latinoamericana descansa en gran medida en una visión cristiana del mundo. Sentir que la liberación histórica encontraba justificación en la «voluntad» de Dios, en el movimiento de Jesús y de los primeros cristianos, fue importante para alimentar la lucha de muchos grupos. Es más, se decía que eso era exactamente lo que los pueblos de la Biblia y otros pueblos habían intentado vivir, para ser fieles a Dios y a sí mismos. Todas estas ideas representaban una fuerza política y religiosa con vistas a los cambios estructurales deseados para el continente latinoamericano.

Muchos teólogos de distintas Iglesias cristianas han propuesto nuevas síntesis del cristianismo en las que los problemas doctrinales de la fe cristiana se abordaban desde el punto de vista de la liberación histórica de los pobres. Este compromiso político y social con los oprimidos también abrió la puerta a nuevas formas de diálogo interreligioso. Numerosos encuentros entre miembros de diferentes religiones e Iglesias cristianas fueron posibles gracias a la afirmación de un objetivo social común que iba más allá de las viejas disputas y conflictos abstractos entre confesiones religiosas. Al fin y al cabo, vivimos la misma historia y sufrimos una opresión común. Nada más justo que unir nuestras manos para intentar cumplir una tarea común más allá de nuestras divisiones históricas.

La Teología de la Liberación empezó a declinar en la década de 1990, cuando se estableció un nuevo orden global que desafiaba a los movimientos sociales de América Latina y del mundo. La Teología de la Liberación, en sus múltiples expresiones, trató de reorganizarse, pero el nuevo contexto ya no permitía las mismas formas de compromiso y lucha ni la misma base ideológica y teológica. La diversidad religiosa provocó en parte un declive del diálogo entre las Iglesias y del diálogo interreligioso ante el cambio social. Una nueva forma de capitalismo financiero internacional comenzó a imponerse y a reconfigurar las relaciones económicas y sociales.

Es más, hoy vivimos una época de pluralismo teológico caracterizada por el desarrollo de distintos enfoques en función de los problemas que plantean los diferentes grupos. Se habla de teología negra, teología india, teología feminista, teología gay y teología ecológica. Vivimos también una época en la que nacen nuevas denominaciones que se reclaman cristianas y entran en la escena política nacional y latinoamericana como mensajeras de una nueva forma individual de vivir el cristianismo.

La reflexión teológica actual está tomando diversas direcciones, volviendo a menudo a contenidos y conceptos inadecuados para el mundo de hoy. Vuelven los demonios o entidades sobrenaturales capaces de protegernos, retornan las prácticas devocionales medievales y, sobre todo, la focalización en la figura de unos pocos líderes capaces de manipular la fragilidad y las emociones del pueblo. La teología ya no refleja los problemas sociales como lo hacía en un pasado reciente. A menudo repite un estribillo libertario consolador, pero son palabras inadecuadas que solo preservan el *statu quo*. Todo ello nos invita a replantearnos nuestras convicciones y a reubicar la dimensión religiosa de nuestras vidas a la luz de los desafíos actuales.

6

Teología o teologías: dependencia e independencia de las instituciones religiosas

Al llegar al final de esta primera parte del libro, me pregunto si habrá suscitado interrogantes en las lectoras y lectores. Me alegraría si así fuera porque, en mi opinión, habría conseguido algo muy importante en relación con el objetivo que me he propuesto, que es hacer que se reflexione sobre la religión; y más aún, provocar la necesaria búsqueda personal y comunitaria de respuestas provisionales, de respuestas renovables dentro de la diversidad de los momentos de nuestra vida.

Mi sensación personal es que lo que hoy llamamos «teología» puede significar algo así como la capacidad propia de afirmar algunos valores que guíen nuestra vida o algunas referencias históricas importantes. No inventamos estos valores. Los recibimos de nuestro entorno familiar y de otros lugares que frecuentamos a lo largo de nuestra vida. Estos valores no son entidades abstractas y preexistentes, sino que se manifiestan en nuestras relaciones, en nuestros pensamientos sobre la vida, sobre nuestras necesidades, sobre la orientación de nuestro comportamiento en distintos ámbitos. A partir de nuestra historia personal, recreamos las formas en que fuimos socializados, las modificamos y añadimos otros aspectos que consideramos importantes. Es un proceso que dura toda la vida. Nadie es dueño absoluto de los valores. Los vivimos de distintas maneras hasta el final de nuestras vidas. Y es que los valores no son cosas, son relaciones constitutivas y constructivas que nos habitan, en una dimensión interpersonal y en una dimensión colectiva. Si, por ejemplo, somos herederas o herederos de alguna tradición religiosa, esta cobra vida en la medida en que nos la apropiamos en nuestro contexto histórico y en nuestra historia personal. Se convierte en nuestra carne, en nuestro cuerpo, en nuestro comportamiento, y no en una entidad abstracta que acabaría dirigiendo nuestras vidas, o en un eslogan, o incluso en un conjunto de pensamientos sistematizados que nos obligarían a actuar de tal o cual manera. Nuestros valores viven en nosotros y sirven para crear un mundo respetuoso en el que quepan todas las personas en su diversidad y similitud con las demás.

Afirmar estos valores de nuestra subjetividad y de nuestra historia personal más amplia implica atrevernos a afirmar nuestra libertad. La palabra «libertad» significa aquí la capacidad que tenemos de abrir un espacio en nuestra interioridad para consentir y aceptar, de manera personal, la dirección que queremos dar a nuestra existencia, dentro de los límites y las múltiples dependencias que nos constituyen. En este sentido, la libertad religiosa no es solo la libertad de cada quien de profesar públicamente la fe religiosa que ha elegido, sino que significa asumir para hoy el contenido de sus creencias y, además, percibir en ellas la presencia de la libertad como capacidad de respetar las creencias de los demás.

Sentirse libre frente a las formas que damos a nuestras creencias significa asumir que siguen los cambios de la provisionalidad de nuestras vidas. Esto implica, en términos generales, que el contenido de nuestras creencias, en este caso nuestra teología, no puede esclavizarnos. Así, la afirmación de la libertad se convierte, en cierto modo, en una especie de búsqueda continua, en una pregunta siempre presente en nuestras vidas que debe guiar nuestras decisiones personales y colectivas, teniendo siempre presente el bien común. El bien común no es lo que yo considero bueno solo para mí. Lo que es bueno para mí no puede imponerse a todo el mundo. Intentar alcanzar el bien común es profundamente difícil, dado que nuestros intereses individuales o corporativos parecen querer primar sobre los intereses comunes. Por ejemplo, observamos que algunos políticos utilizan dinero público para abrir una calle cerca de su propiedad privada en lugar de destinar los recursos a una calle que pueda favorecer a un mayor número de personas. Y que algunos predicadores condicionan los milagros obrados por Dios a las aportaciones económicas de sus creyentes. Los ejemplos abundan, ya sea en el ámbito político, religioso o personal. Por eso los regímenes autoritarios y profundamente jerarquizados, y aquí me refiero también a las dictaduras religiosas, se manifiestan de muchas maneras y no pueden aceptar la libertad. Prefieren sustituirla por una obediencia casi ciega a la voluntad de sus jefes. La libertad les impediría ejecutar sus planes, ejercer su poder y su liderazgo, ya que la libertad es una invitación a todo ser humano para ser humano. Por eso los grandes jefes, los dictadores, tienden a reducir la libertad a la aceptación de sus propios esquemas de vida y persiguen a quienes invitan a los pueblos a pensar y a ser autónomos. La compleja dinámica de la libertad existe en todas las dimensiones de nuestra vida, tanto en la intimidad de nuestro ser como en las instituciones en las que vivimos. En general, las instituciones religiosas oscilan entre la permisividad de pensamiento y acción y el control, es decir, tienen una comprensión variada y limitada de la experiencia de la libertad. Hoy, como ayer, la vida nos propone hacer un esfuerzo creciente de lucidez y reflexión sobre las consecuencias de las creencias religiosas en la cotidianeidad de los grupos sociales y en nuestras vidas personales.

En el fondo, las cosas podrían ser más sencillas si realmente solo nos concienciáramos de que el sufrimiento en sus múltiples y variadas formas es innegable en la vida humana, y, frente a él, como sostiene la antigua sabiduría judía, lo importante es «abstenernos de causar a los demás las aflicciones que no queremos para nosotros mismos», o como dice el Evangelio de Jesús: «Haz a los demás lo que quisiéramos que nos hicieran a nosotros». El núcleo de la libertad parece estar ahí, aunque siempre queramos buscarlo en teorías alejadas de nosotros.

Creo que también es importante en este punto de la reflexión plantear brevemente el problema de la institucionalidad de la teología. Se trataría de saber si las teologías solo existen como producciones dentro de una institución religiosa que las regula y mantiene o si pueden conformarse de manera autónoma y no institucionalizada. Esta cuestión es de gran actualidad, ya que por un lado se observa la presencia de un pluralismo de ideas dentro de una misma institución religiosa y, por otro, el crecimiento de producciones teológicas autónomas, que se afirman sin el aval de la institución religiosa y que subsisten mientras viven quienes las sostienen. Este fenómeno suele denominarse «pequeñas comunidades de sentido» al margen de una Iglesia, es decir, sin institución. Son grupos temporales que se organizan para responder a las necesidades de la convivencia y celebrar los momentos tristes o alegres de la vida. Son grupos de ayuda mutua para las diferentes necesidades de la vida. La teología de estos grupos es un retorno a la tradición religiosa cristiana y a otras tradiciones reinterpretadas en las formas que son plausibles para el grupo. En general, estos grupos viven una especie de distanciamiento de las grandes instituciones religiosas o de las Iglesias institucionalizadas, puesto que ya no se conforman con el estado actual de estas. Estos grupos son múltiples y variados y no siempre rompen explícitamente con la institución religiosa a la que pertenecían. También hay quienes tienen una doble pertenencia: al nuevo grupo y a la institución de origen. Generalmente son personas de diferentes clases sociales que se unen con la convicción común de que lo más importante es construir nuevas formas de humanismo y de lucha desde la creencia de que la trascendencia se vive dentro de los límites de nuestra historia y del respeto a la vida de cada ser. Así es como somos capaces de reconstruir nuestras relaciones y volver a creer en el ser humano contradictorio que somos. Así podemos volver a extasiarnos ante el nacimiento de un niño, una flor, un pajarillo o el cautivante resplandor de la luna llena. Esta sencilla trascendencia que existe en nosotros hace que nos estremezcamos ante el amor que nos atrae y las lágrimas que brotan cuando tenemos que despedirnos.

Por todo ello, de todo lo que he escrito sobre teología, creo que es importante mantener dos afirmaciones. La primera es que la teología es una visión de nuestra historia personal y de la historia más amplia en íntima conexión con una fuerza misteriosa, sin identidad definida, a la que llamamos Dios. No importan las atribuciones que le demos a él o ella, ni los diferentes nombres con que le llamemos, ni las revelaciones escritas que se dice que hizo, sino que es como si «Alguien», semejante y diferente, cercano y lejano a nosotros, habitara nuestro mundo, consolándonos, guiándonos, ayudándonos, librándonos de la soledad y acogiéndonos al final de la vida. Hay una experiencia existencial, tal vez imaginaria, de que no estamos solos, de que no somos fruto del azar, sino que Alguien nos ha traído hasta aquí y quiere nuestro bien. He presentado aquí esta experiencia sobre todo con un lenguaje monoteísta, pero también podría expresarse a través de otros lenguajes o formas religiosas plurales. Podría hablar de divinidades, espíritus del bien y seres espiritualizados que se han convertido en referencia de vida. El trasfondo antropológico existencial es el mismo: no estamos solos en el mundo de lo imprevisible y de la fragilidad humana. Siempre estamos con... Es una apuesta que infunde cierta seguridad cuando todo parece inseguro, que da calor cuando el mundo parece frío, que dota de algún sentido a las cosas cuando parecen carecer de él. Dios o un Misterio Mayor colmarían todas nuestras aspiraciones y garantizarían la posibilidad de cumplir nuestros sueños, aunque no lleguen a hacerlo efectivamente.

La segunda afirmación, presente entre líneas en este capítulo, es que la teología también puede ser una visión de nuestra historia personal sin referirse necesariamente a un Dios personal preexistente, a alguien que habita en nuestra soledad, que llena nuestras lagunas y nos promete cosas buenas. La teología sería una especie de *vidalogía,* de sabiduría sobre la vida humana y el ser humano en la multiplicidad de formas de vida. Esta sabiduría, presente en nosotros inexplicablemente, nos llevaría a través de la convivencia a mejorar nuestra calidad de vida y nuestras relaciones. Nos llevaría a unirnos para preservar y cuidar nuestras vidas y el planeta, a expresar valores de respeto y convivencia que nos protejan lo más posible de las formas de destrucción que nos habitan. Esta segunda idea de la teología como sabiduría de la vida trata de acoger los vacíos inevitables, porque la vida humana está llena de vacíos. No quiere llenarlos con ningún dios, ni ninguna diosa, ni ningún paraíso celestial. Trata de crear vínculos cualitativos entre las personas para que se sientan protegidas por sus semejantes y acojan con alegría el frágil misterio de la vida en cada nota que compone la gran sinfonía evolutiva y siempre inacabada del universo.

En esta segunda perspectiva, las tradiciones religiosas con sus textos y su compleja historia sirven como actividades humanas de las que también se pueden extraer valiosas enseñanzas sin elevarlas a una esfera sobrehumana o a una revelación particular de los dioses. Cada vez que nos referimos a un texto o declaración sagrados como verdad absoluta, nos distanciamos de nuestra verdad humana. Para evitar que esto ocurra, esta perspectiva cree que es desde el sustrato humano común desde donde somos capaces de experimentar los más bellos gestos de amor expresados en miles de lenguas y lenguajes.

Estas dos afirmaciones, tendencias o expresiones de la teología tienen su historia plural, sus opciones y sus consecuencias propias. No podemos imponer ninguna de ellas, ni excluir otras. Solo podemos situarnos donde mejor nos parezca en función de nuestra historia personal, nuestras preguntas y nuestro contexto vital.

Creo que no hay certezas inmutables en la historia de la humanidad. No hay caminos preestablecidos o fijos para siempre. Lo que hay en este gran y complejo desierto de nuestras vidas, lleno de bellas sorpresas, es la esperanza de un oasis que encontraremos más adelante, o tal vez un abrazo de complicidad en la frágil e infinita sed de amor que nunca nos abandona.

SEGUNDA PARTE

Teologías feministas

La amplia y necesaria explicación que he dado sobre la teología cristiana en general desde un punto de vista indudablemente limitado nos ha preparado el terreno para hablar del nacimiento de la teología feminista. No hay una fecha histórica precisa que determine su nacimiento porque surgió de diferentes maneras en los distintos lugares donde se estableció el cristianismo. Incluso podemos decir que sus semillas han existido siempre en medio de las tradiciones judía y cristiana como filigrana en la vida de muchas mujeres, aunque no haya sido reconocida ni llamada «feminista». Mujeres audaces de muchos tiempos y lugares se sintieron despreciadas y silenciadas cuando exponían sus experiencias de trascendencia o cuando se atrevían a expresar con sus palabras y vivencias algo de las enseñanzas atribuidas a Jesús o a la Iglesia primitiva. Su sexo, visto por los doctos de la Iglesia como fuente de pecado, su inteligencia inferiorizada y su fuerza estimada frágil configuraron comportamientos que hicieron de la mujer el «segundo sexo», considerado inferior y dependiente del primero, el masculino.

En el mundo monoteísta, las mujeres fueron exiliadas de la cultura y de la producción de símbolos religiosos que expresaran su experiencia vital. Este exilio no nos lleva a concluir que no hubo excepciones. Numerosas mujeres influidas por el aliento de justicia e igualdad que las habitaba destacaron en una inmensa variedad de saberes y tuvieron notables influencias sociales. Sin embargo, no fueron las excepciones las que arraigaron en el seno de la Iglesia cristiana y de las sociedades que la acogieron, sino una lectura parcial consagrada por los llamados Padres de la Iglesia antigua y mantenida de diferentes maneras hasta nuestros días.

Al hilo del curso evolutivo de la historia desde el siglo XX, mujeres de distintas partes del mundo se han organizado para exigir derechos sociales de diversa índole. Las mujeres de diferentes confesiones religiosas también se han pronunciado contra las formas de dominación teórica y práctica en sus instituciones religiosas. Han descubierto la complicidad de las teorías y prácticas teológicas en las diversas formas culturales y sociales de opresión y exclusión de las mujeres. Se organizaron, criticaron, estudiaron, escribieron e hicieron pública su iniciativa de elaborar diferentes teologías feministas y de incluirse en la compleja historia del cristianismo contemporáneo.

El presente texto no abarca todas las iniciativas ni presenta una teología feminista definitiva que sustituya a otras de carácter patriarcal. En la actualidad, las religiones y las instituciones sociales en su conjunto han sido testigos de diversas crisis que hacen imposible predecir cómo será el futuro de las religiones. Por ello, el objetivo de este libro se limita a mostrar cómo el fenómeno social de la irrupción de la lucha de las mujeres por la igualdad de derechos ha afectado también a las religiones monoteístas, especialmente al cristianismo contemporáneo.

Trato de reflexionar desde una perspectiva de inclusividad social y religiosa, abriendo la posibilidad de interpretar las tradiciones cristianas más allá de la perspectiva sexista masculina en la que se han organizado en el pasado. Hablar de un *más allá de la perspectiva sexista masculina* es admitir que, por un lado, las religiones, especialmente las monoteístas, han sancionado la dominación sexual y cultural de las mujeres y han proporcionado elementos para las múltiples represiones de los cuerpos femeninos. Sin embargo, por otro lado, ha habido numerosas reacciones de mujeres que se han levantado contra la misoginia de las doctrinas religiosas que también justifican la explotación económica y social de los cuerpos de las mujeres. Y es este aspecto en particular el que nos gustaría destacar.

7

¿Cuál es el problema que nos ocupa?

La producción teológica ha sido siempre propiedad casi exclusiva de la cultura masculina. Un discurso regulado sobre Dios, un intento de comprender algo de ese ser misterioso y poderoso que se presenta como el límite de nuestra falta de conocimiento, de nuestra falta de poder, de nuestra falta de amor y de justicia. Si no sabemos algo, creemos que él lo sabe, si no podemos, creemos que él puede, si no amamos lo suficiente, creemos que él ama infinitamente, si sentimos angustia o temor, él nos alivia y protege. Todo lo que no podemos, Él puede. Todo lo que no sabemos, Él lo sabe. Él supera todos los límites y toda finitud. Él es la respuesta precaria e insegura a nuestra finitud y limitaciones. Y este *Él,* como se ve, no solo tiene una expresión lingüística masculina, sino también un rostro histórico simbólico masculino. El máximo imaginado en términos de valores, poder y creatividad está en Él. Aquí no estamos discutiendo las condiciones de la existencia real de tal ser, sino solo la función psíquica y social que provoca en la vida humana; y ello porque su existencia real o imaginaria se ha impuesto dentro de los límites de las sociedades fundadas en culturas monoteístas. Estas siempre han abordado a este ser como Alguien totalmente Otro, distinto de mí y del mundo, un Otro afirmado por la mayoría de los lenguajes o imágenes como un ser masculino.

Sabemos que la lengua es la expresión simbólica más significativa de la humanidad en su diversidad social y cultural. A través de ella comunicamos y expresamos los significados de nuestro mundo, así como los valores que otorgamos a las personas y a las cosas. En este sentido, el lenguaje sobre Dios en las culturas monoteístas es fundamentalmente masculino, es decir, la cultura expresa a Dios a través del género masculino. Hablamos de la creación de Dios, la ternura de Dios, la misericordia de Dios, el amor de Dios, la salvación de Dios, la justicia de Dios, el juicio y el castigo de Dios como si estas afirmaciones estuvieran íntimamente relacionadas con la humanidad femenina y masculina. Sin embargo, y esto es parte del problema, esta poderosa figura se expresa en un lenguaje gramatical y en una imagen histórico-simbólica masculina que, en este nivel, no incluye lo femenino. Por eso se suele decir que las sociedades monoteístas patriarcales descansan sobre un monoteísmo masculino que dificulta la introducción de elementos simbólicos más inclusivos que hagan justicia a lo femenino y a la diversidad de expresiones de la vida. El monoteísmo masculino es, en realidad, la expresión de culturas de dominación pública masculina. El poder político y social está en manos masculinas. El poder de interpretar el mundo según un orden religioso masculino y de determinar las inclusiones y exclusiones de ese orden está en esas manos. Por eso, en estas culturas, hay un rechazo casi total a expresar a Dios en términos femeninos, aunque aquí y allá vemos calificativos que revelan la imposibilidad de sofocar lo femenino que hay en nosotros. Por ejemplo, la expresión «Dios es misericordioso» se refiere a la palabra *misericordia,* procedente de la palabra hebrea *rahem,* que significa «vientre». Lo femenino acaba irrumpiendo de distintas maneras, aunque se lo apropie lo masculino.

La cuestión de una imagen femenina de Dios provoca a menudo resistencias psíquicas y religiosas incluso en personas que comprenden el problema desde un punto de vista teórico y lingüístico. Es como si, habiéndose construido sobre lo masculino durante siglos, los fundamentos filosóficos y religiosos de nuestro ser ahora se resistieran a los cambios necesarios. Esto demuestra que las religiones son procesos complejos, formados por la interacción de factores conscientes e inconscientes, y no solo el resultado de decisiones racionales.

El monoteísmo masculino sigue siendo fuerte en las culturas occidentales, aunque hoy en día, por diferentes razones, ha perdido parte de su fuerza y hegemonía tradicionales. Se trata de un monoteísmo jerárquico en el que la cima de todas las jerarquías se identifica con un ser espiritual cuya figura histórica se presenta con las características de un hombre perfecto, un poder perfecto, un amor perfecto, una justicia perfecta y una bondad sin límites. El uso de la palabra «perfecto» indica que este ser está siempre más allá de todas las perfecciones que podamos imaginar y, por tanto, es capaz de garantizar todos nuestros limitados intentos históricos de alcanzar cualquier perfección o cualquier poder. Siempre estamos intentando hacer su voluntad sin darnos cuenta nunca plenamente de ello, ya que si así fuera dejaríamos de ser quienes somos y él no sería quien es. La existencia de este ser se convierte, en cierto modo, en la garantía de nuestra existencia, así como en la garantía de la realización de todas las utopías religiosas que nacieron en el mundo jerárquico patriarcal.

Las consecuencias emocionales y psicosociales de la sobrevaloración de lo divino masculino condujeron a mecanismos de dominación y sumisión, especialmente para las mujeres, cuyos efectos perduran hasta nuestros días. Trabajar sobre estas consecuencias y proponer una nueva comprensión simbólica del ser humano se han convertido en tareas importantes para el feminismo teológico.

8

Cómo surgió la teología feminista

Me limitaré a hablar de la época contemporánea, a pesar de ser consciente de las semillas de rebelión de las mujeres en otros periodos históricos y de su influencia en nosotros[6]. La expresión «teología feminista» es pertinente para nuestro tiempo y nos movemos a partir de ella.

Desde principios de los años sesenta, muchas mujeres de distintas partes del mundo, influidas por el feminismo, empezaron a darse cuenta más claramente de la relación entre el rostro simbólico histórico masculino de Dios y la opresión de la mujer. Poco a poco descubrieron que la justificación de la dominación masculina sobre las mujeres era posible porque la cultura patriarcal tenía su justificador absoluto, un justificador masculino celestial que presidía la sociedad jerárquica.

---

[6] En este libro solo me ocupo de la teología feminista cristiana, una de las tres religiones monoteístas. Existen esfuerzos similares en los mundos judío e islámico.

Este ser poderoso y abstracto, adorado y glorificado como Señor absoluto del cielo y de la tierra, justificaba las leyes, los comportamientos y las costumbres establecidos. A través de sus representantes y de textos reconocidos como «revelados», determinaba los diferentes roles sociales. Ordenaba los caminos que seguir, juzgaba e incluso condenaba a quienes parecían desviarse de un orden predeterminado por él mismo. Ciertas normas, así como ciertos comportamientos masculinos y femeninos, eran reconocidos como la expresión de una ley natural, querida y determinada por Dios. En última instancia, era Dios quien mantenía el orden del universo y el orden social marcado por jerarquías de distinto tipo. El mundo y el comportamiento humano parecían estar guiados por leyes del más allá.

Asumiendo una postura crítica, numerosas mujeres del siglo XX conectaron con otras mujeres del pasado que, individualmente o en pequeños grupos, se habían atrevido a desafiar a los poderes masculinos pagando un precio de mucho sufrimiento y persecución. En este sentido, me gustaría recordar el nombre de sor Juana Inés de la Cruz, monja mexicana víctima de la Inquisición en el siglo XVII. Juana Inés no aceptó la ignorancia y la reclusión doméstica a las que se sometía a las mujeres de su época con el pretexto de cumplir la voluntad de Dios y de la naturaleza. Se hizo literata, poetisa y astrónoma. Por su audacia, muchos de sus escritos, así como su biblioteca, fueron quemados por la Inquisición y se vio obligada, contra su voluntad, a reconocer su culpabilidad ante los inquisidores al no seguir, por fidelidad a sí misma, los caminos que la Iglesia le había fijado. Fue condenada a trabajos domésticos forzados en el convento de San Jerónimo, donde vivía. Murió dos años después de su condena[7].

---

[7] Juana Inés de la Cruz, *Obras Completas*, México, Porrúa, 1989.

Otro nombre para recordar es el de Elisabeth Cady Stanton[8], sufragista estadounidense del siglo XIX que señaló que los hombres que se oponían al derecho de voto de las mujeres se apoyaban en la Biblia para imponer, en nombre de Dios, las prohibiciones de acceso de las mujeres a la ciudadanía. Escribió la *Biblia de las Mujeres,* de la que eliminó muchos pasajes claramente opresivos para ellas y que estaban presentes en los textos bíblicos supuestamente originales[9]. No tuvo muchas seguidoras y acabó sus días en soledad. En 1988, cien años después de su muerte, se redescubrió su obra y se reconoció su trabajo pionero en favor de las mujeres. Después de ella, muchas biblistas feministas empezaron a analizar los llamados «textos sagrados» desde una perspectiva diferente. Nació lo que se ha dado en llamar «hermenéutica feminista de la Biblia», es decir, una lectura e interpretación de los textos desde la perspectiva de las mujeres, una interpretación que tiene en cuenta no solo nuestros contextos, sino las cuestiones actuales que nos preocupan y la especificidad de nuestra identidad de género. A partir de ellas, el texto bíblico ya no es un absoluto revelado por Dios, sino la expresión de un modo de ser cultural, una escritura interpretada, situada y fechada que, a pesar de sus límites, aún puede inspirar comportamientos y reafirmar tradiciones liberadoras.

Hay muchas maneras de presentar los principales contenidos propuestos por las teologías feministas. Por una preocupación metodológica y de concisión textual, voy a elegir un método que toma como referencia cuestiones de nuestra vida

---

[8] Elisabeth Cady Stanton, *The Women's Bible,* Nueva York, European Publishing, 1898 (15.ª ed., 1990, Seattle Coalition on Women and Religion) (traducción castellana de J. Teresa Padilla Rodríguez y M.ª Victoria López Pérez, *La Biblia de la Mujer,* introd. Alicia Miyares, Madrid, Cátedra, Colección Feminismos, 1998).

[9] Los textos originales se han perdido en un pasado inalcanzable. Solo tenemos copias, fragmentos, versiones diferentes.

cotidiana actual para explicar las razones por las que es urgente un cambio de referencias simbólicas en nuestra cultura. Quiero mostrar la importancia de observar nuestra experiencia cotidiana, es decir, lo que se vive de forma personal y social. A partir de ahí, podemos intentar tener una percepción más aguda de los fenómenos que forman parte de nuestra vida cotidiana en los diferentes espacios y tiempos de nuestra existencia. Esta percepción nos ayuda a comprender algunos de los problemas que encontramos en nuestras relaciones y las razones por las que necesitamos cambiar hábitos, costumbres, representaciones e interpretaciones en favor de una actitud más justa y respetuosa hacia las diferencias. Las teologías feministas se sitúan en este espacio y pueden considerarse un paso importante hacia una cultura inclusiva, más respetuosa con las diferencias y promotora de una mayor justicia en las relaciones humanas; y, en esta línea, intentar superar el absolutismo de las interpretaciones religiosas que carecen de pensamiento crítico y de una visión más realista de la diversidad del mundo.

9

La socialización patriarcal de lo sagrado o la hegemonía de los símbolos masculinos

La socialización patriarcal significa que la forma en que somos educados está marcada por concepciones que valoran más una referencia histórica masculina que una femenina. En otras palabras, esta socialización enfatiza de diferentes maneras el mayor valor de la masculinidad y, en consecuencia, el mayor valor otorgado a las actividades sociales realizadas por los hombres. Es en este sentido en el que hablamos de la fuerza de los símbolos masculinos presentes en nuestra cultura. Nos penetran de diferentes maneras y no siempre somos conscientes de su poder en nuestra psique y en nuestro comportamiento. Se convierten en algo «natural», como si siempre hubiéramos existido con ellos.

Los seres humanos producimos símbolos, es decir, lenguajes y artes que son externos a nosotros y expresan nuestros valores y creencias interiores. Vivimos produciendo símbolos y significados y expresándonos a través de ellos. Es nuestra forma de existir y de relacionarnos.

No creo que haya que pensar mucho para reconocer que la mayoría de los símbolos heroicos, de los símbolos nacionales, de los méritos públicos, como el valor, la intrepidez, el sacrificio de la vida, la sangre derramada por la patria o la conquista de la libertad política, son marcadamente masculinos. Basta con darse un paseo por las plazas públicas de las grandes ciudades y ver las estatuas dedicadas a los héroes de la patria o a los hombres que realizaron hazañas reconocidas como grandes, o incluso ver obras de arte expuestas en plazas y avenidas que representan victorias masculinas y símbolos fálicos (obeliscos, torres, etc.). La lectura de los libros de historia, especialmente los más antiguos, también revela la concentración de los valores nacionales en figuras masculinas. Del mismo modo, en las academias literarias y musicales, los museos de arte y los cargos gubernamentales importantes, los hombres están mayoritariamente presentes y activos en las ocupaciones de la vida e incluso después de la muerte. Por supuesto, también se reconoce que algunos de los comportamientos de estas figuras consideradas modelos que seguir contienen ambigüedades y contradicciones. A pesar de ello, desempeñan un importante papel histórico, educativo, simbólico y psicológico, ya que penetran en nuestros poros desde una edad temprana. Si bien es cierto que este tipo de socialización fue hegemónica sobre todo en el pasado, sigue siendo muy evidente en muchos de los comportamientos que nos rodean hoy en día, a pesar de los numerosos e importantes cambios culturales debidos al ascenso público de las mujeres y a las luchas antirracistas.

Es sorprendente la escasez de imágenes públicas de mujeres que sirvan de ejemplo a la ciudadanía. Ciertamente podemos encontrar algunas, pero su número es casi insignificante en comparación con las masculinas. Esta simbología específica presente en los espacios públicos ya indica que lo masculino tiene más reconocimiento público, político y religioso que lo femenino. Todo esto confirma las consecuencias del confinamiento doméstico femenino, confinamiento que, en cierto modo, cerró a las mujeres, casi por completo, las puertas a las artes, la literatura, la política y otras actividades, sobre todo en el pasado. Por supuesto, la reproducción de la especie, la gestión del hogar, el cuidado y la protección de la familia pasaron a ser nuestro reino. Y fuera del hogar, las mujeres siguieron siendo sirvientas de otros hogares y del sexo fuera del matrimonio. Muchas de nosotras, al igual que la cultura dominante, creíamos que este confinamiento era una expresión de nuestra inferioridad existencial o simplemente del papel específico que el Dios patriarcal nos había asignado. Esta creencia estaba legitimada por la fuerza de los símbolos culturales presentes en nuestro entorno, símbolos transmitidos por la educación que recibíamos y que reproducíamos. Al fin y al cabo, la música, la literatura, la ciencia y la religión eran fundamentalmente obra del genio masculino. Las mujeres teníamos el papel de complementar, ayudar y quizás proteger y servir a los artistas, los salvadores de la patria, los héroes y dominadores del mundo. Esta protección ocultaba también nuestra fuerza y las diferentes formas de dominación propias de las mujeres. Por analogía, vale la pena recordar las imágenes de la Virgen María en el catolicismo. Aparece como la Madre que escucha, protege, calma e intercede con su hijo por los pecadores. Hay una imagen muy interesante presente en las iglesias barrocas de Brasil: la «Virgen Madre de los Hombres». Se trata de una escultura de la Virgen que protege con su manto a varios hombres, especialmente a los más ilustres. Aparecen bien resguardados y libres de peligro. Es como si el manto reprodujera simbólicamente la protección y el calor del vientre materno, necesarios para la supervivencia. Hay sin duda una ambivalencia que se manifiesta en la figura de la Virgen. Por un lado, es una mujer humilde, obediente y protectora y, por otro, una mujer poderosa que da cobijo a los hombres. Hay un dicho católico que expresa bien esta ambivalencia: «Pregúntale a la Madre María y su Hijo Jesús te escuchará». Parece que el arte permite la expresión de una experiencia primordial cuya irrupción muchas veces es impedida por la razón teórica. La experiencia de la necesidad de protección y cuidados, por un lado, y de la fuerza y el poder, por otro. El arte puede así expresar aspectos de lo vivido, de lo experimentado, sobre todo cuando en estas experiencias nos sentimos expuestos a las tormentas de la vida. En estas ocasiones, las figuras femeninas son las más buscadas, como si nos recordaran experiencias primitivas de protección y acogimiento frente a los diversos miedos de la vida. Sin embargo, cuando se trata de la creación y la salvación de la humanidad, del combate público, entonces prevalecen las imágenes masculinas.

El Dios creador, aunque asexuado, es socialmente masculino y se experimenta imaginariamente como masculino. Esta situación de ambigüedad y dominio sexual masculino en lo divino cristiano ha sido ampliamente denunciada en la obra de muchas teólogas feministas. Jesús, el salvador, tiene género y pertenece al género masculino. A pesar de la necesidad de la Madre, son el Padre y el Hijo quienes aparecen en el centro de la teología y la iconografía cristianas. Y la Madre está siempre sometida a su voluntad y alabada por su sumisión a esta voluntad suprema, expresada de forma trinitaria masculina: el Padre, el Hijo y el Espíritu Santo.

En consonancia con ello, el sacrificio del Hijo, el sacrificio del hombre, se considera redentor. Por ejemplo, se habla de la sangre derramada en la cruz como garantía de nuestra salvación. Sin embargo, la teología tradicional no menciona el sacrificio femenino, la sangre femenina, que se considera impura y un fenómeno puramente biológico. Las mujeres parecen ser solo actores secundarios en el gran drama de la Pasión de Jesús, que se repite de forma incruenta en el simbolismo de las misas católicas y los oficios protestantes. De este modo, la centralidad de lo masculino se expresa en el conjunto de la lógica religiosa cristiana patriarcal, reafirmando su primacía ontológica e histórica sobre lo femenino.

Durante mucho tiempo, este tipo de alienación y exilio de las mujeres del mundo público civil y religioso no nos causó grandes problemas, porque estábamos más o menos conformes con el papel que la naturaleza o Dios nos había asignado. Fuimos socializadas para dar por sentada la superioridad masculina, de modo que incluso nuestras emociones estaban entrenadas para responder a esta jerarquía supuestamente establecida por la naturaleza y confirmada por la voluntad de Dios. ¡Cuánto nos afligimos o nos rebelamos por la mala suerte que tuvimos de nacer mujeres!

En el siglo XX, esta hegemonía y valoración pública de lo masculino, así como las desigualdades e injusticias que contenía, se quebraron, en particular, gracias a la acción y la reflexión de los movimientos feministas. No solo modificaron nuestra forma de entender teóricamente la relación entre mujeres y hombres, sino que también cambiaron nuestras emociones, nuestros sentimientos, nuestras creencias, nuestras culpas, nuestros conocimientos, nuestra historia y nuestro sentido de la justicia. Poco a poco hemos derribado el universalismo masculino y revelado la parcialidad de sus pretensiones epistemológicas, de su ciencia, de su historia, de sus interpretaciones y de su poder. Del mismo modo, hemos denunciado de diferentes maneras la parcialidad de los procesos de socialización y educación que nos han llevado a aceptar la hegemonía y la superioridad simbólica de lo masculino. Por eso las feministas también hemos iniciado una batalla contra el Dios masculino y la cultura patriarcal apoyada por los hombres y legitimada por muchas mujeres.

Numerosos especialistas descubren ahora que la continuidad de la hegemonía patriarcal se ha vuelto perniciosa y está produciendo una creciente violencia cultural, religiosa, política y social. Por esta razón, muchos grupos actúan contra ella de diferentes formas y con distintas intensidades.

La ruptura de la hegemonía simbólica ha golpeado con especial dureza a las religiones y a la reflexión teológica, aunque todavía este fenómeno no se haya generalizado en los círculos oficiales. Poco a poco, está llevando al poder masculino sobre la religión —un poder que parece más fuerte que en otros sectores— a una grave crisis institucional y de sentido. El poder masculino en la religión está corroborado por su representante celestial invisible, el todopoderoso Dios Padre, legislador absoluto, simbólicamente masculino e históricamente encarnado en el llamado «primer sexo» o «sexo fuerte». La cultura reconoce el poder simbólico de este Representante último y lo mantiene como fuerza legitimadora del poder social, político y religioso. Su invisibilidad confirma su poder supremo, un poder que se cree que penetra en todos los ámbitos de la vida social y personal y que en las Iglesias se reconoce especialmente de forma absoluta e incontestable. Por ejemplo, si se pregunta a los miembros de una Iglesia protestante qué es lo más importante para ellos, la respuesta será seguramente: la palabra de Dios, es decir, la Biblia, entendida como palabra de Dios. De este modo, se afirma la máxima autoridad masculina a través de la Biblia. Si preguntamos a alguien perteneciente a la comunidad católica quién es el más importante en su Iglesia, la respuesta será: Dios, Jesucristo, el Santísimo Sacramento que es la presencia del cuerpo de Cristo en la Iglesia. Quizás algunos dirán que es María o Nuestra Señora, o incluso algún santo, pero casi inmediatamente completarán la frase diciendo que es por voluntad de Dios o que está por debajo de Dios. Un Dios poderoso, invisible, asexuado pero masculino, mantiene el mundo, las jerarquías sociales y sexuales. Mantiene lo que se considera correcto, normal o natural, y todo según el orden que él mismo ha establecido. Una vez más, estamos en el universo de las construcciones simbólicas propias de la condición humana. Y, a partir de ellas, podemos ver los diferentes valores que damos a las personas, a su comportamiento y a las cosas que nos rodean, y buscamos en la imagen masculina de Dios la base de nuestras afirmaciones.

Hoy, con una actitud de respeto a la complejidad social y religiosa, podemos incluso conceder que en algunos comportamientos hay pequeños cambios que contemplan o incluso priorizan lo femenino en determinados momentos, pero el trasfondo monoteísta masculino persiste, está aún muy presente en las culturas latinoamericanas, y no solo en ellas.

Los estudiosos del fenómeno religioso muestran que, en nuestra época en particular, el poder religioso parece haber sido cooptado por las políticas neoliberales imperialistas y consumistas. Estas han reducido las religiones al consumismo, de tal manera que Dios, Jesús y el Espíritu están a menudo al servicio de la justificación e, incluso, de la solución de los problemas de la economía neoliberal. Son instrumentalizados ante los nuevos despliegues del mundo capitalista actual y despojados de su sentido original, que correspondía a necesidades fundamentales de los seres humanos.

Frente a esta situación, cuya totalidad se nos escapa, se plantean hoy muchas cuestiones, especialmente por parte de mujeres preocupadas por trabajar con elementos culturales heredados de la tradición cristiana y de otras tradiciones. A partir de aportaciones filosóficas y sociales más adaptadas a la comprensión de nuestro mundo, se nos invita a reformular algunas cuestiones de manera más amplia para hacernos una idea del trabajo de las teologías feministas constitutivamente plurales.

10

Después de todo, Dios tiene sexo

En los antiguos tratados de filosofía y teología, Dios siempre fue considerado un Ser perfecto, un espíritu puro, es decir, un ser inmaterial y no sexualizado. Pero como todas las personas tienen género, en la cultura patriarcal prevalecen una experiencia y un lenguaje masculinos sobre Dios, lo que sin duda es expresión del predominio social de lo masculino. Además, en la Biblia el lenguaje sobre Dios es casi opresivamente masculino, y en el cristianismo la encarnación de Dios para la salvación de la humanidad se realiza a través de un ser masculino.

La sexualidad es una marca de las criaturas y también un signo de los límites. Dios es un creador y no un ser creado, es decir, está por encima de la propia creación, la cual está marcada por la finitud. La sexualidad, por eso, era vista como una contingencia, un límite de la condición de animales y plantas abocados a la necesidad de reproducción y mortalidad. Pero ¿cómo explicar un Dios para los seres humanos de forma abstracta y asexuada? ¿Cómo hablar de un lugar humano no sexualizado o de un lugar neutro? ¿Cómo podemos hacer que el poder divino sea efectivo y operativo en la historia humana? La respuesta más sencilla y directa a estas preguntas procede de otras preguntas. ¿Quién tenía el poder político y social en las sociedades patriarcales? ¿Quién tenía el poder de hablar y escribir sobre Dios o los dioses? La respuesta más clara y directa de las sociedades patriarcales es: los varones. Por lo tanto, la imagen de Dios solo podía ser, principalmente, la imagen del poder de quienes afirmaban públicamente a Dios como fuerza creadora y reguladora de la vida humana y del universo y, a través de esta afirmación, corroboraban su propio poder social.

Las élites masculinas eran las que tradicionalmente tenían el privilegio de escribir y el poder de ocupar los espacios públicos, dirigirse al pueblo y dirigirlo. Lo mismo ocurría en las instituciones religiosas. Por eso, los profetas[10] y los sacerdotes hablaban en nombre de Dios, hablaban de Dios en masculino y hablaban de Dios casi a su imagen y semejanza. Expresaban la voluntad de Dios basándose en sus convicciones, en su experiencia del poder y del orden que querían imponer o proponer a la sociedad. En cierto modo, Dios adoptó el rostro y las costumbres de quienes hablaban públicamente de su voluntad, de sus atributos, de su justicia y poder. También comenzó a tener cualidades humanas masculinas perfeccionadas hasta el extremo, en oposición a las imperfecciones y a la finitud humanas. Aunque respondía a ciertas necesidades humanas, este discurso público religioso también se convirtió en un medio poderoso que pretendía influir, dominar y cambiar comportamientos. Por ejemplo, el profeta Isaías, molesto por el lujo de algunas mujeres ricas de Sion, las denuncia y utiliza el nombre de Dios para legitimar su crítica: «El Señor ha dicho: puesto que las

---

[10] Aunque hubo profetisas en Israel, la tradición cristiana se acordó poco de ellas.

hijas de Sion son orgullosas y andan con el cuello estirado, lanzando miradas, caminando con pasos saltarines, haciendo tintinear el cascabel de sus pies, el Señor cubrirá de sarna los cráneos de las hijas de Sion» (Isaías 3: 16-17). Así pues, las recomendaciones éticas sobre el comportamiento del pueblo y, en este caso, de las mujeres de Israel tienen autoridad porque se afirman como palabras del Señor o palabras de Dios. Estamos en sociedades patriarcales teocráticas y en ellas el legislador y el profeta expresan su palabra como si fuera la palabra de Dios. Hay una apropiación del nombre de Dios para garantizar la veracidad de lo que se dice.

A menudo, el poder de la palabra masculina ha oscurecido otras formas de expresión de lo sagrado vividas a través de las cosas más sencillas de la vida cotidiana, cosas que tienen que ver con la necesidad de protección y de cuidado. Este cuidado expresa la forma especial en que la vida de las mujeres se muestra en la mera complejidad de la existencia cotidiana. Por esta razón, según las antropólogas feministas, la experiencia religiosa de las mujeres no se ha incluido en el discurso de los hombres sobre Dios desde hace más de seis mil años. Es más, la propia experiencia femenina de lo que se denomina «sagrado» dentro de los espacios reservados a las mujeres no ha sido acogida ni valorada públicamente.

Las mujeres tuvieron que expresarse religiosamente a través de los caminos y el lenguaje impuestos por los hombres. Enajenaron su propia experiencia y se adentraron en los caminos, a menudo abstractos, propuestos por la religión masculina. Se convirtieron en hijas de Dios, esposas de Cristo, templos del Espíritu Santo. Se hicieron vírgenes, madres materiales y madres espirituales, seguidoras de Jesucristo, imitadoras de sus virtudes. Sacrificaron sus vidas como les habían hecho creer que Jesús había sacrificado la suya. Se llenaron de culpa y de pavor ante la mera idea de desobedecer los designios de Dios y desviarse del camino de sufrimiento que conduciría a la redención de sus almas. A día de hoy, en muchos rincones del mundo donde prevalece la cultura cristiana, las mujeres siguen siendo fieles seguidoras y reproductoras de una religión masculina, ya que su interioridad sigue estando colonizada por las jerarquías y por el poderoso simbolismo masculino vigente.

Desde esta perspectiva, es importante recordar que el destino doméstico de la vida de las mujeres no les daba libre acceso al mundo público, sobre todo en el pasado, y, por tanto, no les permitía la expresión pública de su experiencia religiosa. Es más, los mitos judeocristianos habían colocado a la mujer en una posición de inferioridad, ya que se le atribuía la debilidad de haber aceptado la tentación de la serpiente de comer el fruto prohibido y ofrecérselo al hombre (Génesis 3). A causa de esta debilidad simbólica, la mujer Eva y sus descendientes fueron condenadas a la obediencia al hombre y a su condición de procreadoras entre los dolores del parto y otros múltiples sufrimientos.

Una gran ola de misoginia se apoderó de los varones encargados de explicar a los creyentes la voluntad suprema de su Dios a partir de las Escrituras, sobre todo en los cuatro primeros siglos del cristianismo. Llegaron a considerar a las mujeres como débiles y al mismo tiempo peligrosas tentadoras, e incluso se preguntaron si realmente tenían alma. Sin duda, solo los hombres tenían alma, el principio espiritual. Por ello, eran representantes indiscutibles de la divinidad, ya que se consideraban los más fuertes, los más dotados de razón, los más alejados del mundo natural y de las emociones debilitantes. Las mujeres, por su proclamada y reconocida debilidad, eran consideradas tentadoras y presa fácil del demonio. Baste recordar que, en la época de la Inquisición, algunos de los inquisidores estaban convencidos de que los demonios se escondían en el cuerpo de las mujeres, especialmente en sus genitales, y, para combatirlos, las sometían a ignominiosas torturas y las condenaban a la hoguera.

Por todas estas razones, las mujeres fueron cada vez más empujadas a los márgenes de la producción simbólica religiosa pública e integradas solo como consumidoras sumisas o serviciales en las Iglesias. En esta situación, el Dios espiritual, que teóricamente se afirmaba como asexuado, pasó a expresarse en una forma históricamente sexuada reconocida como la forma más digna del ser: la masculina. Por lo tanto, es comprensible que Dios, el principio supremo que rige las sociedades patriarcales, tenga un rostro masculino en el imaginario cultural de los diferentes pueblos y en la subjetividad de la mayoría de las personas. Por esta misma razón, los máximos responsables del poder religioso son los hombres, los únicos considerados capaces de representar a la divinidad y hablar en su nombre. Esta situación persiste hasta nuestros días. Algunas Iglesias cristianas están abriendo ciertos espacios para acoger a mujeres en puestos de autoridad institucional. Sin embargo, esta apertura sigue albergando la contradicción de las religiones de origen monoteísta patriarcal, en las que lo femenino siempre acaba sometiéndose a un principio masculino fundador. La antropología de las religiones monoteístas no se ha abierto suficientemente a una nueva comprensión de lo femenino y lo masculino basada en los avances actuales de las ciencias humanas. Es más, la creciente inseguridad del mundo en que vivimos no parece favorecer el desarrollo de una nueva comprensión del ser humano. Esta tarea importantísima sigue desafiando al presente y al futuro.

11

La sospecha de las mujeres

El siglo XX puede denominarse «el siglo de la sospecha femenina». «Sospecha» significa aquí desconfianza y duda en relación con afirmaciones sobre los seres humanos y el mundo tomadas como verdades absolutas. Sospecha en relación con lo femenino dependiente de lo masculino, o lo femenino considerado pasivo y lo masculino considerado activo. Sospecha ante lo masculino beligerante, creador de la vida y de la historia, y lo femenino pasivo, conservador y reproductor de la vida. Sospecha ante la división sexual del espacio y del trabajo. Sospecha ante los llamados «roles sociales» y las sexualidades fijas supuestamente establecidas por la naturaleza. Nos preguntamos: ¿qué naturaleza es esta?, ¿de qué femenino y masculino estamos hablando?, ¿quién ha determinado sus características?, ¿quién ha estipulado sus límites y roles?, ¿serían inmutables o cambiantes?, ¿son particulares o universales?

La sospecha feminista ha afectado a la teología en distintos niveles. El primer nivel se refiere a los fundamentos de una antropología religiosa, es decir, al modo en que los distintos grupos humanos entienden su existencia en relación con valores o seres considerados trascendentes. Las antropologías monoteístas siempre han tenido una base abstracta de igualdad y una base histórica concreta de desigualdad y jerarquías entre grupos y personas. Y Dios, como el ser perfecto que está en la base de estas elaboraciones, nunca puede ser igualado ni asimilado totalmente a los seres mortales, a riesgo de perder su trascendencia. Por eso, la desigualdad ontológica persiste casi como fundamento antropológico indiscutible. A partir de ahí, la culpa de no ser perfectos, o la culpa de no ser lo que Dios quiere de nosotros, se ha convertido en el tormento de muchos fieles, especialmente de las mujeres. Sin embargo, no se trata de una culpa material, como haber violentado vidas, masacrado pueblos, negado el salario a los trabajadores, robado bienes ajenos o destruido la naturaleza, sino una culpa subjetiva impuesta, una culpa que se concreta en nuestro cuerpo, que se acuesta y se levanta con nosotros, una culpa que está pegada a nuestro ser, una culpa de que nunca seremos lo que Dios o sus representantes quisieran que fuéramos. Es una culpa que de alguna manera nos aleja de nosotros mismos, nos domina y nos esclaviza a la voluntad de los demás. Es una culpa de un pecado no cometido, una culpa imposible de remediar porque es la expresión de la inmensa distancia entre el llamado «Ser Creador» y las meras criaturas. Esta terrible culpa, que tiene muchas expresiones, se convierte a menudo en la fuerza motriz del mantenimiento de las injusticias y de la dependencia de autoridades dominadoras de diversa índole.

Con los avances del mundo moderno, para muchas personas ya no es posible aceptar que las razones de la existencia humana y de la existencia del cosmos residan en un único ser perfecto y misterioso, presente en el cielo y en todas partes y con un rostro históricamente masculino. El fundamento religioso de la vida humana y la existencia misma de todas las cosas ya no pueden ser reducidos a un fundamento masculino y ser presentados jerárquicamente desde lo masculino. En consecuencia, los hombres ya no pueden erigirse en legisladores de la vida humana, de toda la vida, y en los conocedores más expertos de sus misterios. Hay una revolución en nuestra percepción del mundo y de nosotros mismos que parece crecer cada día y que nos invita a ir más allá de la limitada percepción patriarcal del mundo y de los absolutos androcéntricos y antropocéntricos.

Desde esta revolución antropológica, la teología feminista trata de reafirmar la complejidad e interdependencia de la vida humana en relación con el universo y el planeta en su conjunto. Propone cambiar la geografía histórica y mental que hemos heredado del mundo patriarcal. Nos preguntamos, por ejemplo: ¿por qué situar lo absoluto, lo inefable en la cúspide de una pirámide? ¿Por qué situarlo en un cielo abstracto? ¿Por qué hablar de este misterio siempre en términos masculinos? ¿Existe realmente un absoluto «en sí» de esta manera y con estas características? Es más, ¿por qué destacar un cielo abstracto como nuestro destino? ¿Por qué imaginar un Dios del cielo que nos acogería a nosotros, seres puramente terrenales y materiales? Las feministas cristianas se preguntan entonces: ¿no hay otra cartografía y otra geografía simbólica posible? ¿No hay otras formas de expresar los sentidos de nuestra vida?

Sin despreciar los sentidos que hemos vivido en el pasado, hoy proponemos otro punto de partida para ensayar una comprensión distinta de nosotras mismas, un punto de partida que tenga en cuenta nuestra existencia cotidiana, siempre en relación con todos los seres vivos. Los acontecimientos y experiencias de cada día, los valores y los no valores que les atribuimos y nuestro comportamiento ante las diversas situaciones se convierten en indicadores de los significados que damos a nuestra vida. Y nuestra vida, si la observamos detenidamente, se expresa a través de diferentes referencias planetarias, históricas, físicas, familiares, de tradición, de constitución personal y de relaciones múltiples. Por tanto, estamos afirmando una especie de biocentrismo humanista, es decir, estamos reconociendo nuestra capacidad de movernos y existir desde diferentes centros vitales y de motivación y acción sin limitarnos a una única fuerza abstracta y superior por encima de todas las demás. La fuerza vital plural que nos mueve debería ser reconocida como presente en todo lo que existe y en cada parte de nuestro ser, y no como algo independiente de nosotros, de la Tierra y de la galaxia de la que formamos parte. De este modo, estaríamos expresando nuestra fe desde una perspectiva más totalizadora, más democrática, más dinámica, más provisional, más relacional e inclusiva entre todos los seres. El horizonte de percepción sería más amplio y buscaría cada vez más la inclusión. El mundo dualista de oposiciones simplistas se queda demasiado pequeño ante aquello que apenas vislumbramos.

Desde esta perspectiva, la fe es ante todo una apuesta por la vida, una especie de confianza interior que nos permite seguir adelante a pesar de los pesares. La fe sería algo así como nuestra lucha diaria por la vida. Las religiones, con sus estructuras y creencias, se inscriben en esta base antropológica primaria, aunque, como sabemos, acaban negando esta realidad cotidiana contingente y entrelazada que nos habita para afirmar que sus verdades vienen de arriba, es decir, proceden de una revelación divina superior y, por eso mismo, son las primeras y las más importantes.

Nosotras, las mujeres feministas, nos damos cuenta de la guerra que nos hacen las instituciones religiosas, acusándonos de destruir la fe y los valores de la religión. ¿No estarían estas instituciones absolutizando una cartografía desfasada? ¿No estarían absolutizando el género masculino y manteniendo su poder sobre nosotras? ¿No estarían defendiendo su poder, utilizando el artificio de una racionalidad parcial para impedir que miremos el mundo y nuestro ser femenino y masculino de otra manera?

Por estos y otros interrogantes, las teologías feministas en sus diferentes expresiones no tienen un verdadero derecho de ciudadanía dentro de las instituciones religiosas cristianas o dentro de otras religiones. La mayoría de las veces, se han desarrollado de forma marginal con respecto a las instituciones religiosas, aunque ellas mismas no se consideren marginales, ya que no reconocen el poder religioso institucional como un poder fundado en la justicia, el derecho, la igualdad y la diferencia, así como en la fidelidad a los nuevos tiempos y a las nuevas percepciones de la vida.

12

Trascendencia o experiencias de trascendencia

A lo largo de siglos de teología masculina, salvo algunas excepciones, la trascendencia se ha identificado con Dios, Creador de todo y de todos, además de Todopoderoso y Perfectísimo. La trascendencia, en este sentido, es la capacidad de trascender, de ir más allá de la materialidad de la vida, de existir más allá de todos los seres y, por tanto, de ser reconocido como superior. Además, la trascendencia se considera aquí un atributo positivo, conferido de forma particular al ser divino para indicar la capacidad de existir siempre más allá y por encima de todo lo que existe, e incluso más allá de lo que se imagina que exista. Estas afirmaciones llevaron a los fieles a materializar casi espontáneamente la figura divina como un ser masculino que vivía en las nubes y veía todo lo que ocurría en la Tierra. Las Iglesias, a través de muchas de sus enseñanzas y de sus clérigos, han predicado a menudo este tipo de poderosa trascendencia, convirtiéndose en agentes de las clases dominantes e ideológicamente responsables de la sumisión de los pobres.

Las teólogas de la segunda mitad del siglo XX abrieron la puerta a otra comprensión de la trascendencia: en lugar de una poderosa realidad superior a la materialidad humana, la *trascendencia* sería una experiencia vivida dentro de la materialidad humana cotidiana, dentro de la contingencia de nuestra historia y de nuestro planeta. Trascendencia como ir más allá, como ir siempre más allá de lo esperado. Todo el tiempo estamos trascendiendo situaciones, comportamientos, elecciones, condicionamientos y a nosotras mismas. Vivimos esta trascendencia en los límites de nuestra existencia material, en nuestros deseos, en nuestras relaciones, en nuestros sueños y esperanzas. Experimentamos esta trascendencia no solo en las cosas que designamos como positivas, sino también en las que llamamos negativas. Así, por ejemplo, desde esta perspectiva podemos decir que no solo el bien nos trasciende muchas veces, sino que, en cierto modo, el mal también nos trasciende[11]. Esto significa que, ante situaciones de gran calamidad, de gran injusticia, de inmensa destrucción, de dolores casi insoportables, experimentamos algo muy grande, como si esa situación o esa vivencia se tornaran más grandes que nosotros. Es como si la vivencia se nos impusiera a la fuerza, como si nos dominara y, en cierto modo, aunque queramos apartarla, se afirmara como un terrorífico orden superior contra el que poco o nada podemos hacer. No se trata de teoría, sino de la experiencia cotidiana de la trascendencia del mal y del sufrimiento en muchas situaciones. Por ejemplo, ¿cuántas veces la enfermedad de un ser querido se impone a pesar de todos los esfuerzos invertidos en curarla? ¿Cuántas veces el hambre mata a miles y miles de personas a pesar de que sabemos que podríamos haber eliminado este flagelo? ¿Cuántas veces experimentamos la resistencia del mal frente a todas nuestras

---

[11] Véase Ivone Gebara, *Rompendo o silêncio, Uma fenomenologia feminista do mal,* Petrópolis, Vozes, 2000.

acciones en favor del mantenimiento justo de la vida personal y social? Las guerras, las prisiones, la impunidad, la injusticia social, la destrucción de los bosques, la violencia de las estructuras económicas y políticas traducida en comportamientos personales parecen a menudo desbordarnos. A través de esta experiencia existencial, podemos hablar de la trascendencia del mal en nuestra vida cotidiana y en nuestra historia personal y colectiva. Del mismo modo, podemos experimentar la trascendencia del bien en nosotros mismos y en los demás. ¿Cuántas veces somos agraciadas por gestos, a veces incluso comportamientos inesperados, capaces de construir la vida, de sostenerla, de regenerar nuestras fuerzas y esperanzas? Personas que son capaces de denunciar acciones injustas, personas que comparten bienes y conocimientos con desconocidos, personas que son capaces de mostrar una solidaridad radical con los demás, exponiendo sus vidas a violencias inesperadas. Desde esta perspectiva, la trascendencia tiene un carácter de ambivalencia constitutiva y hace de su comprensión una expresión de las limitadas experiencias que tenemos.

A través de la reflexión feminista en teología, intentamos superar una trascendencia metafísica y abstracta que a menudo se utiliza al servicio de intereses particulares. Una trascendencia metafísica identificada con la existencia de un «ser en sí» que controlaría el mundo y nuestras vidas. Avanzamos en el pensamiento filosófico feminista buscando afirmar la experiencia de la trascendencia primero dentro de los límites de nuestra existencia, de las experiencias humanas de nuestra vida cotidiana. Reconocemos en la experiencia ética y estética, en la experiencia amorosa, en la comprensión mutua, en la solidaridad entre las personas y los pueblos, en la exuberancia de los bosques, mares y ríos, en la ternura y la compasión, una experiencia vivida y siempre renovable de trascendencia, una trascendencia tenue e instantánea que es fruto de nuestras entrañas y de la misteriosa evolución de la vida en nuestra humanidad.

Las feministas estamos devolviendo a la vida cotidiana conceptos que han sido robados de la propia vida cotidiana y utilizados para mantener jerarquías y poderes sobre nosotras. Conscientes de las inmensas dificultades que hemos vivido, estamos apostando de nuevo por nosotros mismas, por los seres humanos y por la construcción de sentido desde nosotras y nosotros mismos. Estamos reafirmando nuestras responsabilidades personales y sociales para vivir simplemente con dignidad y comprometiéndonos a «soportar mutuamente las cargas». Sin grandes certezas, sin teorías absolutas, solo con el inmenso deseo de afirmar la dignidad humana y la dignidad del planeta desde referencias menos absolutas y más presentes en la precariedad de nuestras vidas.

Sin duda, esta resignificación conceptual genera conflictos entre los poderes establecidos y los nuevos y diversos poderes que buscan afirmación y reconocimiento. Y en este juego de fuerzas, solo el futuro nos mostrará qué nuevas configuraciones y cartografías estamos construyendo para sustentar los sentidos de nuestra existencia en una opción de justicia de género, justicia social y ecojusticia. Por eso hablamos de experiencias de trascendencia como invitación ética a trascender nuestro egoísmo, nuestro racismo, nuestro clasismo y nuestro antropocentrismo. También hablamos de trascendencia estética, porque la belleza del mundo es siempre superior a la que podemos producir, porque las maravillas del planeta que contemplamos expresan algo siempre superior a la fijación en un ser en sí mismo que afirmamos como trascendente. Todos estos aspectos nos invitan a revisar nuestras creencias y a educarnos a partir de referencias más amplias e inclusivas.

13

Teología feminista: esfuerzos críticos y elementos para nuevas sistematizaciones

Se suele pensar que, para ser reconocida por la comunidad de fieles, la teología feminista tiene que ser una reflexión sobre los mismos temas que la teología tradicional reconocida por las Iglesias. La única diferencia sería incluir el respeto y la dignidad de la mujer, pero dentro de los propios cánones patriarcales. No podría apartarse de lo que se llama «verdadera teología», es decir, de las afirmaciones dogmáticas tradicionales que se consideran verdades de fe. En esta línea, encontramos muchos trabajos de sistematización teológica realizados por mujeres que utilizan casi las mismas tradición y lógica formales masculinas, manteniendo las mismas afirmaciones de la fe cristiana, con la diferencia de incluir algo femenino o simplemente feminizar algunos verbos. El objetivo es reconocer los servicios que han prestado las mujeres a las Iglesias, afirmar la visibilidad de las mujeres en la Biblia y en la historia religiosa y luchar por su lugar actual en la Iglesia de acuerdo con la igualdad de derechos entre mujeres y hombres. A través de este trabajo, quieren superar los viejos patrones culturales patriarcales preestablecidos, incluyéndose en ellos.

Sin embargo, muchas de estas elaboraciones teológicas no han asumido realmente la crítica de los conceptos filosóficos en que se apoya la propia teología tradicional, no han trabajado sobre los presupuestos de estas teologías ni sobre las condiciones sociales y de género de su producción. No se han dado cuenta de que estos presupuestos, al igual que los conceptos que se han ido construyendo y enseñando a lo largo de los siglos, estaban sesgados por una visión de superioridad masculina, aunque hablaran de la humanidad en general. Por tanto, hay que decir que estas teologías solo abrían ciertos espacios dentro de la misma estructura patriarcal. Por ejemplo, hablaban de Dios Padre y Madre, hablaban de la inclusión de lo femenino en la Trinidad, hablaban de la importancia de la misión de las mujeres con Jesús y en la Iglesia primitiva. Abogaron por la ordenación de mujeres al sacerdocio y el magisterio femenino en las facultades de teología. Defendieron y difundieron el lenguaje inclusivo en las celebraciones litúrgicas y en los textos teológicos. Todo esto es muy importante y positivo y merece ser tenido en cuenta. Sin embargo, algunas de estas teologías feministas han mantenido teórica y prácticamente la noción de la unicidad de Dios en la línea de preservar la diferencia entre Dios y los seres humanos, así como la dependencia de los seres humanos y de todo lo que existe en relación con una figura patriarcal de Dios. Por eso, en mi opinión, consiguieron disminuir hasta cierto punto la jerarquía histórica entre hombres y mujeres en las Iglesias, pero siguieron manteniéndola a través de una noción del ser divino como absolutamente distinto y superior a los seres humanos y a todas las criaturas. Y a través de esta unicidad del ser de Dios y de su distinción, siguen manteniendo, tal vez sin darse cuenta, la herencia jerárquica patriarcal. No siempre se reflexiona sobre los fundamentos filosóficos que rigen los conceptos patriarcales de Dios y Cristo en su significado conceptual profundo. Esto demuestra lo difícil que es trabajar sobre las matrices que sostienen el poder patriarcal en nosotras y reconocer que las opresiones milenarias no cesan en el momento en que tomamos conciencia de ellas o en el momento en que incluimos en ellas a nuevos sujetos históricos.

Desde la perspectiva en la que vengo trabajando, Dios no está predefinido como un Ser en sí mismo, existente por sí mismo, independiente, perfecto en su distinción radical de todas las criaturas. No pretendo que Dios esté por encima o en otra esfera, o sea, de otra sustancia. Todas estas afirmaciones son de otra época y de otras bases filosóficas respetables en su tiempo. En un contexto de destrucción planetaria, de conflictos con supuesta base religiosa, de aniquilación impune del ser humano, de dominación de la mujer y de eliminación de los pueblos originarios, propongo otra comprensión del ser humano y de su propia creatividad. Me atrevo a introducir el pluralismo y la contingencia en el pensamiento teológico para que el contenido absolutista de las formulaciones y doctrinas consideradas verdades absolutas y universales sea desenmascarado y transformado. El cristianismo actual, al igual que otras religiones, sigue viviendo de una concepción imperialista de lo que se denomina «universal». Por ejemplo, el universal religioso en el mundo cristiano del colonialismo era «la verdad» de la revelación divina que la Iglesia quería llevar a las colonias conquistadas. Los «otros», los colonizados, estaban fuera de esta verdad, y para incluirlos en este camino de salvación única valía incluso utilizar la fuerza de las armas y destruir sus creencias, sus templos y sus costumbres. El universalismo de la verdad religiosa siempre ha sido imperialista, androcéntrico y etnocéntrico, y ha correspondido a intereses particulares afirmados como voluntad de Dios. La pretendida universalidad de los dominadores se convirtió en una especie de normatividad máxima, de modo que no solo necesitaba ser difundida para crecer, sino también protegida por ejércitos y sistemas inquisitoriales. La universalidad era sinónimo de centralismo político y cultural, así como de legitimación del dominio.

El feminismo teológico crítico con el que trabajo no solo quiere abrir espacios para ajustarse a lo existente, sino posibilitar pasos diferentes desde la mutabilidad de la vida. Quiere mostrar cómo lo que muchas veces se llama verdad universal o revelada por Dios, o expresiones incuestionables del cristianismo o de otra religión, han sido gradualmente asimilados a una especie de fundamentalismo político y religioso de dominación de las conciencias y de los pueblos. Hay, por un lado, un poder que es necesario desenmascarar porque nos aprisiona en normas cerradas y, por otro, una invitación a que recuperemos nuestras experiencias más profundas e intentemos explicitarlas y celebrarlas con más libertad, justicia y creatividad.

Llegados a este punto de nuestra reflexión, podríamos preguntarnos de dónde procede la autoridad de las teologías feministas o de las teólogas feministas. Creo que la autoridad de una teología feminista para denunciar las contradicciones e injusticias presentes en las estructuras patriarcales del cristianismo proviene de la experiencia de muchas mujeres que han vivido y viven dentro de las Iglesias cristianas. A partir de esta vivencia y del sufrimiento que han experimentado en sus cuerpos y mentes, se sienten autorizadas a denunciar la dominación de las instituciones religiosas sobre los cuerpos y las mentes de las mujeres en el presente y en el pasado. Toman conciencia de las extrapolaciones del poder religioso en relación con las interpretaciones de los usos y costumbres impuestos. Así, a partir de nuestros cuerpos, experimentamos la necesidad de ir más allá de las construcciones religiosas que aún nos mantienen colonizadas y dominadas por poderes superiores e inferiores, por viejos y nuevos poderes. La fidelidad que proponemos no es fidelidad a un pasado que se considera perfecto o a una revelación divina del pasado que se considera definitiva, sino a algo de nuestro presente, derivado de nuestras vidas y de la dignidad que buscamos experimentar dentro de los límites de nuestra historia. No se trata solo de cuestiones personales, porque, si así fuera, bastaría con distanciarnos de las instituciones religiosas. Se trata de una opción colectiva por la justicia y la libertad en nuestras relaciones, sin las cuales la humanidad perdería los valores de su existencia. Se trata de tomar conciencia y denunciar críticamente la mayor o menor complicidad de las instituciones religiosas en el mantenimiento de privilegios y diferentes formas de explotación y violencia. Desde esta posición, nosotras, las teólogas, intentamos romper con el dogmatismo de la tradición religiosa patriarcal y, en cierta forma, tratamos de rescatar otra tradición a partir de otros presupuestos y otras epistemologías. Esto nos permite buscar en las tradiciones pasadas las marcas de nuestra exclusión y las señales de nuestra resistencia a la opresión. También nos da apoyo para construcciones provisionales alternativas de significado. Y no lo hacemos pidiendo autorización a ningún magisterio eclesiástico masculino, ni a una figura divina patriarcal diseñada en el pasado. Lo hacemos por amor a nosotras mismas y al mundo que nos acoge, al tiempo que intentamos superar las divisiones y los conflictos entre las Iglesias, impuestos por la historia pasada y reforzados en el presente. También lo hacemos por amor a los hombres cautivos de una falsa superioridad que los mantiene rehenes de alienaciones y de fantasías de poder.

Basándonos en el feminismo teológico, como ya se ha visto, conceptos como trascendencia y Dios pueden sufrir cambios radicales. A partir de estos conceptos, también Jesús y los valores que enseñaba pueden ser entendidos bajo una nueva luz[12]. Sin embargo, sabemos lo lentos que son estos cambios

---

[12] Elisabeth Schüssler Fiorenza, *Jesus: Miriam child, Sophia's prophet: critical issues in Feminist Christologies,* Nueva York, Continuum, 1995.

en la formulación de nuestras creencias y que exigen nuevos comportamientos personales y sociales para integrarse en las costumbres y tradiciones de los distintos grupos religiosos. Por ello, debemos ser conscientes de que cualquier transformación conceptual o de otro tipo en materia religiosa no se produce de forma homogénea y está siempre ligada a la complejidad de nuestras búsquedas plurales y a los diferentes contextos históricos y culturales en los que nacen y se desarrollan.

Hay personas que para sostenerse en la vida no podrán vivir en la línea de una trascendencia horizontal y necesitarán una trascendencia vertical, es decir, una trascendencia más allá de los límites de su historia. Necesitan creer que los seres humanos y todo lo que existe solo tienen valor porque Dios Padre como ser en sí mismo se lo dio. En este sentido, la teología feminista que represento reconoce los límites de sus propuestas de cambio de contenidos y conceptos y no pretende imponerlos como nuevas verdades. Sin embargo, incluso desde una perspectiva limitada, necesita continuar su labor de denuncia de las formas explícitas de violencia religiosa y de dominación de las conciencias. Insiste en que no se trata solo de cambiar bruscamente los conceptos, sino de modificar lenta y continuamente los comportamientos, las actitudes y los sentimientos. Se trata de mostrar que nuestras creencias más profundas aparecen también en la práctica cotidiana, es decir, afectan a nuestro comportamiento y a nuestras relaciones interpersonales, así como a las instituciones que creamos. El cambio cualitativo de comportamientos personales y sociales suele ir acompañado de un cambio conceptual y de comprensión de nuestros supuestos, aunque esto no ocurre automáticamente. Uno no precede al otro, pero es como si uno preparara al otro y dependiera de él, o incluso como si los cambios de comportamiento crearan una predisposición a un cambio conceptual posterior. Así, por ejemplo, si creemos que es voluntad de Dios que mi historia personal o la historia de mi país sigan tal o cual curso, estamos diciendo que la vida humana está guiada por fuerzas abstractas o por un destino predeterminado. Estamos afirmando que existe un ser con poderes supremos que dirige la historia humana y la historia del universo. Estamos entregando a ese ser oculto, tal vez mediante hábitos de expresión verbal, la conducción de nuestra historia, atribuyéndole las dificultades, los éxitos y los fracasos de nuestras vidas. Del mismo modo, si creemos que un ser absoluto al que llamamos «Dios» ha predispuesto el comportamiento masculino y femenino y, por esta razón, las mujeres no pueden ejercer determinadas funciones en las Iglesias o en la sociedad, estamos legitimando una especie de destino independiente de los procesos históricos. Estaríamos, entonces, en un horizonte de justificación de los comportamientos humanos a partir de una noción ahistórica de trascendencia bastante limitada.

Desde otro punto de vista filosófico, podemos decir que si, de hecho, existe una clara sensación de impotencia y limitación en la propia existencia humana, esta no proviene de un destino oculto, sino de nuestra propia condición de seres frágiles y finitos que dependemos unos de otros y de los ecosistemas que nos sustentan. Que un club de fútbol gane un partido no significa que un dios o un *orisha* le haya favorecido con la victoria y haya castigado al otro con la derrota. Se nos invita a alejarnos gradualmente de estos comportamientos mágicos, simplistas y manipuladores en nuestras vidas y en las de los demás.

¿Por qué no pensar que no es necesario concentrar todas las razones de nuestra existencia y de la existencia del mundo en un único ser perfecto y poderoso? ¿Por qué no aceptar que el misterio rodea nuestras existencias y que este misterio de fragilidad y finitud también hace que las cosas sean bellas y maravillosas, aunque sean dolorosas y difíciles? ¿Por qué no aprender a aceptar los procesos de vida y muerte inherentes a la vida como constitutivos de nuestra propia condición humana? ¿Por qué no acoger la creatividad y la sorpresa que irrumpen en la vida, dado que la vida es ella misma creatividad continua?

Esta postura desarrollada por algunas teologías feministas parece dar la bienvenida a la diversidad humana y situar nuestras creencias similares y diferentes dentro de la complejidad de nuestra historia e historias.

Para esclarecer mejor este punto de vista, debemos centrarnos una vez más en el simbolismo monoteísta cristiano. Según lo que se nos ha enseñado, Dios Padre eligió a Jesús como hijo único. Esta elección justificaba el hecho de que solo los hombres pudieran representarlo en las actividades religiosas más importantes del cristianismo patriarcal. ¿No estamos confirmando una especie de división social del trabajo y una jerarquía sexual entre los seres humanos? También pregunto: ¿no es posible pensar el mundo desde otras experiencias y categorías? Por ejemplo, reafirmando la capacidad ética presente en todas las personas y la necesidad de educarnos para realmente «amar al prójimo como a nosotros mismos». ¿Por qué no asumimos, todos, cada una y cada uno de nosotros, en nuestras particularidades y contextos, la responsabilidad de hacer de la Tierra un hogar agradable para todos los seres que nacieron en ella y viven en ella? Tal vez experimentaríamos una mayor posibilidad de crear vínculos entre nosotros, desde nuestra propia condición y no desde el mundo invisible de las divinidades. A partir de ahí, recuperaríamos el aspecto más importante de la experiencia religiosa, que es hacer posible que todos los seres convivamos de una manera más respetuosa y justa, que practiquemos la solidaridad y la misericordia de unos con otros, en las cosas sencillas y complicadas de la vida. ¿No es esto una expresión de Dios Todo en Todos?

En el fondo, estamos reafirmando que los cambios en las creencias religiosas tienen que ver con los cambios en nuestras relaciones en la sociedad, la política y la cultura. En este sentido, podemos decir que algunas corrientes del feminismo y de la teología feminista insisten en entender al ser humano desde categorías nuevas como la de *relacionalidad*. El concepto de relacionalidad tiene la función de explicitar la interdependencia de todos los procesos vitales y las relaciones humanas para mostrar que las relaciones de interdependencia son las más fundamentales en la propia constitución y mantenimiento de la vida. A pesar de su aparente imprecisión y escaso uso en el lenguaje corriente, el concepto de relacionalidad pretende romper las jerarquías consideradas estructuras naturales y constitutivas de nuestros vínculos. A través de su utilización, intentamos también alejarnos de los parámetros jerárquico-constituyentes de las culturas judía y cristiana, entre otras, y, a pesar de las dificultades, pensar en vínculos, en relaciones más horizontales, en contextos precisos y en la valoración del momento histórico como fuente primordial de soluciones a nuestras dificultades. La relacionalidad no solo indica un carácter positivo en las relaciones humanas y con los seres no humanos, sino que se mueve en la complejidad de los procesos vitales, intentando superar la dependencia con respecto a la voluntad y al poder de las jerarquías. La ventaja de hablar de relacionalidad es que pone de relieve nuestra responsabilidad personal y social en la historia que estamos construyendo colectivamente. No es un concepto que exprese una gran novedad, pero es un intento de introducir, más allá de las relaciones de conflicto que nos caracterizan, la relación de interdependencia, de reciprocidad, en la compleja red de vida de la que formamos parte. Desde esta perspectiva, afirmamos que la historia humana no está predeterminada por un dios ni contiene en sí misma un sentido preestablecido. Somos fruto de una compleja evolución que sigue su curso a lo largo de los días y las noches. También somos constructoras y constructores, artífices de nuestra historia, a partir de herencias y situaciones no escogidas, así como de algunas elecciones que realmente podemos hacer. Y cuando hacemos hincapié en las elecciones, juntas podemos esbozar el tipo de relaciones que queremos tener con los demás y los pasos que hay que dar. De esta manera, no dependemos de una idea religiosa preestablecida, sino de una decisión colectiva nuestra, desde la que somos capaces de favorecer el bien común. La idea de un nuevo «contrato social» esbozada por algunos feminismos[13] tiene por objetivo expresar la necesidad de pactos de no agresión, no solo en política y economía, entre hombres y favoreciendo a los hombres. Ahora bien, el nuevo contrato social propuesto por los feminismos implica leyes y educación para una ciudadanía plural e incluye nuevas relaciones entre mujeres y hombres, mujeres y mujeres, hombres y hombres de diferentes culturas e identidades. En otras palabras, es un tipo de contrato amplio que lleva a un reconocimiento mutuo de los seres humanos entre sí, respetando las diferencias de género, orientación sexual, etnia, raza, edad, creencias, etc. Esto se vive no solo a partir de las leyes establecidas por el Estado, a través de las fuerzas que obligan y regulan la convivencia, sino por medio de una educación social y política que lleve a las personas a reconocerse como iguales y diferentes a pesar de las contradicciones y la voracidad individual que nos caracteriza. Esta perspectiva concierne también a la teología y a las Iglesias. Al eliminar el poder legitimador político y social del Dios patriarcal, especialmente en lo que se refiere a la experiencia de dominación de las mujeres, estamos intentando un proceso de reconocimiento de lo humano por lo humano a través de la diferencia de género. También estamos desvelando la hipocresía de las políticas masculinas, y en particular de las políticas eclesiásticas, que mantienen las injusticias difundiendo creencias que apoyan las jerarquías y la dominación como voluntad de Dios. Así, la teología feminista se convierte en un esfuerzo por pensar la vida humana desde la perspectiva de la vida humana. La teología se convierte en vida, ¡vida-

---

[13] Adela Cortina, *Alianza y contrato,* Madrid, Trotta, 2001.

logía! Precisamente sobre esta base, queremos recuperar la experiencia colectiva de los valores que dan sentido a nuestras vidas y alimentan nuestro compromiso con la humanidad. Las celebraciones y las fiestas ocupan un lugar especial en esta recuperación. Celebraciones de nacimientos, celebraciones de recuperación de la salud, celebraciones de recuerdos tristes y felices, celebraciones de despedidas, celebraciones de momentos privilegiados del pasado y del presente. Las celebraciones forman parte de la inmensa creatividad humana. Forman parte de la herencia que recibimos y dejamos. La vida social y familiar se organiza en torno a ella. En ella tienen lugar los encuentros y se alimentan las esperanzas. Es también la base de la tradición cristiana. Navidad, Pascua, fiestas de la vida y de la muerte, de la alegría y de la esperanza, de la tristeza y de la superación. Fiestas que hacen que la vida continúe y parezca un alegre nuevo comienzo. Y en una fiesta, no es una sola persona la que celebra o la que manda. Las fiestas requieren organización, responsabilidad y expresión colectivas. Por eso, muchas feministas se han preocupado por recuperar las fiestas, las celebraciones diversas y diferentes en la vida de las personas. Apuestan por la capacidad regeneradora de las fiestas, por los nuevos vínculos que se pueden crear, por las experiencias vitales que se pueden compartir de otras maneras.

El feminismo no es un racionalismo rígido, no es un tribunal de la historia pasada, sino un camino de inclusión, una lucha por la justicia, un signo de que la humanidad —mujer y hombre— puede comprenderse a sí misma una y otra vez a partir de referencias nacidas de sus propias entrañas. Por eso, la teología feminista se ha abierto a la diversidad de las mujeres y de los grupos de mujeres. No existe «la mujer» o «el problema de la mujer», como les gusta decir a algunos hombres y mujeres. Hay problemas reales que sufren mujeres reales. Partiendo de la diversidad de rostros de las mujeres y de sus problemas específicos, hoy podemos encontrar en muchos lugares teologías bien desarrolladas que representan luchas específicas de las mujeres por la ciudadanía. Cada una de ellas, además de una problemática en relación con el contexto patriarcal que nos es común, expresa su propia nota particular, su propia epistemología, que marca la diferencia de su contribución al tejido plural de la vida. Es el caso, por ejemplo, de:

a) Teología de las mujeres de origen africano que, además de hacer hincapié en la forma particular de racismo que viven las mujeres negras en las instituciones religiosas cristianas, quiere marcar una diferencia con las teologías feministas «blancas».
b) Teología de las mujeres de origen indígena latinoamericano, que replantea los choques culturales y religiosos entre la tradición del cristianismo blanco colonial y las religiones nativas precoloniales.
c) Teología de las mujeres lesbianas, que aborda el problema de la dominación heterosexual en el seno de las Iglesias cristianas y, como consecuencia, la legitimación religiosa de un modelo dominante de orientación sexual y de papel social de las mujeres.
d) Teología de las mujeres inmigrantes de origen asiático, que examina la aceptación del cristianismo como nueva religión y el impacto que ello tiene en las tradiciones culturales y religiosas de origen asiático.
e) Teología *queer,* que pretende ir más allá de las normas culturales y sexuales establecidas, introduciendo una crítica al dogmatismo y a los modelos fijos sobre las diferentes opciones sexuales y su uso en teología.
f) Teología ecofeminista, representada por un grupo significativo de mujeres teólogas ecofeministas que combinan el problema de la opresión de la mujer con el problema de la destrucción ecológica. El ecofeminismo ha ido creciendo en muchas partes del mundo, y

> especialmente en América Latina ante la crisis climática y ambiental que nos asola. Se ha convertido en una importante vía para denunciar la destrucción de la Tierra y los feminicidios y proponer otras formas de habitarla más allá de los modelos de propiedad privada tan extendidos bajo el colonialismo y el capitalismo. En este sentido, la contribución de muchas pensadoras indígenas ha abierto enormes puertas para repensar y actuar de manera respetuosa en relación con la Tierra, que es nuestro mayor cuerpo y nuestra vida. Su perspectiva abre caminos para ir más allá de la propiedad privada que caracteriza al mundo capitalista y destruye el planeta para satisfacer la codicia de unos pocos.

En América Latina, esta diversificación no es muy fuerte dentro de las Iglesias, aunque ha crecido en la sociedad civil. Solemos hablar más del movimiento feminista y de la teología feminista a partir de la diversidad de espacios sociales de lucha, en la medida en que estos espacios integran una nueva visión teológica. Sin embargo, cada vez más mujeres negras, indígenas e inmigrantes se organizan en América Latina y reflexionan sobre sus raíces en confrontación con la cultura y el cristianismo heredados y vigentes. También hay movimientos de mujeres campesinas que empiezan a reflexionar sobre la cultura rural cristiana y los procesos de dominación del campo y de la mujer a través de la religión. Han encontrado diversas posibilidades para romper con los modelos celebrativos preestablecidos y buscar, en sus vidas e historias, elementos para fortalecer sus luchas y releer la tradición religiosa cristiana inspirándose en sus propios itinerarios vitales.

Todo este pluralismo es indicativo de la vitalidad del feminismo teológico y de su fecunda labor de construcción de relaciones humanas basadas en referencias que tengan en cuenta la diversidad que nos habita y nos constituye.

14

Teología o simplemente sabidurías de vida

Algunos lectores y lectoras, especialmente quienes tienen una experiencia eclesiástica activa, se preguntarán probablemente si la teología feminista no corre el riesgo de conducir a una especie de disolución de la teología tradicional, lo cual afectaría a la propia organización de las Iglesias. Perderían una especie de fundamento religioso seguro, basado en verdades absolutas reveladas por un ser supremo llamado Dios. Dios, que garantiza el mantenimiento de verdades que se consideran eternas, así como de jerarquías y privilegios que forman parte de nuestra historia, no tiene nada que ver, según muchos, con las injusticias de género y otras injusticias. Para estos lectores y lectoras, las feministas, y en particular las teólogas feministas, corren el riesgo de desarrollar un discurso simplista y elitista que daña la tradición de lo sagrado cristiano, rompe la armonía de las comunidades cristianas, interfiere en la religiosidad popular e introduce una división entre mujeres y hombres, considerados «imagen y semejanza de

Dios». Sin embargo, sin que sea necesario que todas las personas religiosas sean feministas, muchas olvidan que la construcción teológica patriarcal, fundada en estructuras de obediencia dogmática, impuso doctrinas como verdades absolutas y, a partir de ellas, excluyó, mató y sigue justificando un mundo dominado por élites. Es más, hasta ahora, a las instituciones religiosas les resulta muy difícil responder positivamente a las preguntas de las mujeres sobre los derechos básicos dentro de las Iglesias y la sociedad. Cuando se sienten amenazadas, las instituciones religiosas atacan y apelan a la estabilidad social, a la fidelidad a las viejas doctrinas y visiones religiosas. Conscientes del peligro que representan las mujeres teólogas, las autoridades eclesiásticas de las distintas Iglesias cristianas han tomado diversas medidas punitivas contra ellas, sobre todo en la última década. Ya no acogen en su seno a quienes quieren introducir algo diferente de lo que se reconoce como tradición en las Iglesias. En este sentido, han sido muchas las pensadoras cristianas en diferentes partes del mundo que han sido silenciadas y castigadas, que han perdido sus cátedras, que han sido expulsadas de las instituciones en las que vivían y trabajaban, que han sido marginadas en sus propias Iglesias y han soportado persecuciones, calumnias y difamaciones. Como sor Juana Inés de la Cruz, Elisabeth Cady Stanton y tantas otras mujeres del pasado, se dieron cuenta, en medio de las dificultades de la vida, de que el dogmatismo y la intransigencia religiosa son la otra cara del dogmatismo y la intransigencia política y económica. Su lucha, aunque tenga tantos años, parece estar aún en pañales. La nueva levadura del feminismo en las religiones aún necesita mezclarse con mucha más fuerza en la masa y ser trabajada por diferentes manos para que la masa finalmente leudada esté lista para hornearse y el sabroso pan de cada día pueda ser compartido con alegría entre todas y todos.

Creo que el camino de la teología feminista no es disolver la teología tradicional, sino transformar y ajustar las formas de nuestras creencias a lo que estamos viviendo. En este sentido, está claro que la teología feminista es una de las múltiples interpretaciones de la tradición religiosa cristiana. En esta línea, pretende ser pescadora de las sabidurías de vida presentes en esta tradición y quiere releerlas desde un punto de vista de justicia social y justicia de género. En el fondo, lo que tradicionalmente llamamos «teología» es una forma de estar en el mundo, tratando de lograr una convivencia respetuosa entre los seres humanos y los diferentes ecosistemas. Esta forma de estar en el mundo tiene que fundamentarse en la creencia de que nos necesitamos unos a otros para garantizar nuestra supervivencia y la del planeta. La lucha encarnizada entre clases, etnias, religiones, sexos, generaciones, así como la degradación del planeta, solo reforzarán procesos excluyentes y destructivos como los que estamos presenciando. Creemos que la humanidad y el planeta Tierra están cansados de este modelo masculino jerárquico de conquista, competencia y dominación que utiliza la religión patriarcal para legitimar sus objetivos de lucro y poder. En medio de esta situación, en parte catastrófica y en parte desafiante, podemos decir que el feminismo religioso o teológico presenta algunas propuestas de cambio y da señales de que la apuesta de la humanidad por sí misma aún es posible y apasionante.

Creemos que la sabiduría religiosa solo tiene sentido si es capaz de llegar al corazón humano, si es capaz de ayudar a abrazar, acoger, enjugar lágrimas, perdonar, compartir el pan, el vino, la ropa, la tierra y el conocimiento y alimentar esperanzas. Todas estas pequeñas cosas no vienen de otro mundo ni de un Ser Todopoderoso con imagen masculina, sino de todas y todos nosotros, capaces de generar amor y ternura una y otra vez. Todas estas cosas no necesitan ser manejadas y controladas por el sexo masculino para tener valor, sentido y belleza. No necesitamos alianzas con los poderes de dominación para legitimarlas y no queremos que sean una fuerza legitimadora de esos mismos poderes. Esta sabiduría que brota de nosotras mismas y se parece a la canción de Chico Buarque de Hollanda —«A Banda»— hace que los débiles ancianos olviden su cansancio y bailen, hace que la niña fea crea que la banda toca para ella, hace que los niños queden encantados al paso de la banda. La religión basada en el feminismo es una invitación a reencontrarnos con nuestra humanidad olvidada, con la gratuidad de lo inesperado, con el gesto que devuelve la esperanza a la vida, con el abrazo acogedor que permite recuperar la confianza en la vida, con la belleza de los lirios del campo y de la puesta de sol, con compartir el pan y la tierra, con la vibración del cuerpo en contacto con otros cuerpos. Estamos lejos de los mandamientos estrictos de la Ley de Dios y de su solemnidad sacerdotal, pero cerca de los mandamientos que exige la convivencia cotidiana de todos los seres del planeta. Estamos lejos de los mandamientos de las Iglesias con sus juicios y castigos, pero cerca de las decisiones individuales, grupales o colectivas para facilitar la vida de las personas y ayudarnos a llevar las pesadas cargas de la existencia. Estamos lejos de los servicios formales repetitivos y obligatorios y cerca de la necesidad de construir pequeñas comunidades de sentido donde la creatividad de las personas acompañe las alegrías y las adversidades de sus historias, donde la música y el canto nazcan de su entorno y de su inspiración. En esta línea podemos decir que las teologías feministas apuntan a la posibilidad de vivir en comunidades de tradición cristiana organizadas sin jerarquías fijas, comunidades contextuales, provisionales, como todo lo humano.

Por desgracia, las pequeñas cosas, las cosas posibles, a menudo se infravaloran y parecen ser las más difíciles. Esto es en parte consecuencia de la creencia en los «poderes de lo alto», que, según muchos, son los únicos capaces de cambiar el curso de la vida. ¿Podría ser de otro modo?

Las mujeres queremos intentar superar las escisiones que la religión patriarcal ha creado en nosotras, dividiendo nuestro ser en cuerpo y alma, nuestras cualidades en superiores e inferiores, nuestros dones en espirituales y materiales, nuestra historia en terrenal y celestial, nuestra psique en normal y anormal. Estas divisiones creadoras de dualismos jerárquicos que han servido para desvalorizar a las mujeres y a los pueblos dominados ya no hablan a nuestro corazón. Por eso buscamos una especie de reunificación de la vida en consonancia con la relacionalidad que he esbozado en otro lugar[14]. Ya no afirmamos nuestros orígenes en términos de transgresión de la Ley divina, sino que afirmamos nuestro presente como el lugar de los elegidos y los no elegidos. Precisamente, desde este lugar «mixto» en el que somos y existimos, seguimos apostando por la posibilidad siempre renovada de la dignidad de la vida.

¿Existen estos deseos e intuiciones en alguna parte? Sin duda, no existen tal y como los he descrito. Sería casi imposible. El lenguaje escrito tiene sus propios artificios innegables. Pero lo que podemos constatar es que en todas partes hay personas que quieren organizarse de otra manera y también compartir y comulgar con los valores que animan sus vidas. Se anuncian novedades y se dan pequeños pasos hacia la autonomía. Algunos de ellos son posibles gracias a la acción de movimientos como el feminismo plural, que trabaja dentro de diferentes grupos y de diferentes maneras. Si nos ponemos a buscar lo que nos gustaría encontrar, hallaremos algo, tal vez incluso algo diferente de lo que pensábamos, pero algo capaz de alimentar hoy nuestras provisionales esperanzas comunes.

---

[14] Véase Ivone Gebara, *Intuiciones ecofeministas. Ensayo para repensar el conocimiento y la religión,* trad. de Graciela Pujol, Madrid, Trotta, 2000.

15

Breve conclusión

Para finalizar esta sucinta presentación de la teología feminista, diré que, en primer lugar, se nos presenta el desafío de atrevernos a vivir y pensar el mundo en el que nos encontramos de forma diferente e inclusiva. Y en segundo lugar, a atrevernos a interpretar nuestra tradición religiosa común, la de los textos bíblicos y las viejas explicaciones de sentido nacidas en las Iglesias, a la luz de los contextos, problemas y recursos actuales. Estos elementos son como materiales para la reconstrucción de significados que siempre están limitados a la vida de quienes los buscan y a los diferentes contextos donde nacen. El feminismo y el ecofeminismo son ahora nuevas luchas y nuevos recursos que se suman a muchos otros que han formado parte de los estudios teológicos. Vale la pena recordar las teorías simbólicas, el método histórico-crítico, las diversas formas de leer la Biblia que nos han ayudado a recuperar el hilo ético de nuestra fe religiosa y hacerla comprensible hoy. No podemos negar las dificultades y los conflictos que hemos encontrado en este camino, y no hay forma de eliminarlos. Por ello, reconocerlos para comprenderlos mejor se convierte en una audacia necesaria de nuestro tiempo. Esta audacia ha sido experimentada en las últimas décadas por muchas personas que tienen poco que perder en términos de poder y privilegio pero mucho que ganar en la conquista siempre renovada de la libertad y de elementos importantes de su tradición cultural y religiosa. En particular, esta audacia ha venido de la mano de mujeres que, en distintas partes del mundo, han anunciado las revelaciones ocultas en sus cuerpos desde la fundación del mundo.

Los esfuerzos reflexivos de las teologías feministas no pretenden ser las nuevas verdades absolutas de nuestro tiempo. Son percepciones, palabras contextuales, palabras basadas en dolores y gritos concretos, con respuestas tentativas e invitaciones para que pensemos la vida y la reinventemos en el amor. Un amor diferente que exige palabras con significados diferentes para hoy. Palabras reinterpretadas a partir de otras palabras recibidas que tuvieron eco en nuestros cuerpos y ahora se combinan con otros ecos, experiencias, sentimientos e interpretaciones.

Los viejos ropajes religiosos y políticos del pasado que se nos han impuesto ya no albergan nuestros cuerpos ni nuestros anhelos. Vamos andrajosas y errantes. Nos confunde la profusión de opiniones y denunciamos la instrumentalización de nuestros cuerpos como mercancías u objetos de uso y consumo por parte de las múltiples instituciones sociales y religiosas. Por eso estamos tejiendo colectivamente otros ropajes que parecen adaptarse mejor a la intemperie de estos tiempos. Esta situación frágil, vulnerable y cambiante nos otorga la fuerza y la autoridad para seguir adelante en el siglo XXI y cultivar la esperanza contra la desesperanza. Este es el lugar de la búsqueda y de las breves respuestas que *las teologías feministas* han podido darnos.

Epílogo a la edición española

Una espiritualidad para el siglo XXI

Cuando hablamos de teologías feministas, casi siempre aparece la palabra «espiritualidad». Es un tema que se impone. Muchas mujeres se preguntan si existe una *espiritualidad feminista,* sobre todo en este momento de profunda crisis del mundo patriarcal y de auge de las organizaciones de mujeres a nivel mundial; quizás una espiritualidad como pauta de vida, como apoyo y aliento de esperanza para los cambios que son necesarios en medio de las muchas tribulaciones de nuestro tiempo; una espiritualidad que incluya nuestras experiencias femeninas de búsqueda ética inclusiva para que no siempre tengamos que sentir, pensar y expresarnos a partir de referencias masculinas dominantes. Sabemos que siempre tendremos que buscar esa «perla preciosa» que nutre opciones y significados. Está presente y puede encontrarse en los tiempos y espacios plurales en los que vivimos.

Esta búsqueda parece invitarnos a algo parecido a una arqueología existencial desde la que queremos entender las raíces que sostienen nuestro malestar actual y las raíces que sostienen nuestras búsquedas, para encontrar puntos de apoyo vitales, esperanzas que nos ayuden a vivir e intentar superar las escisiones que jalonan nuestra historia.

Esbozo de una arqueología de la espiritualidad

La arqueología es el saber que trata de encontrar los comienzos, los orígenes incluso hipotéticos de las muchas realidades en las que vivimos. Siempre queremos saber por qué las cosas son lo que son, por qué hemos llegado a ser lo que somos hoy. En esta línea descubrimos hasta qué punto las elaboraciones occidentales y orientales de lo que ha sido denominado «tradición espiritual», antigua, medieval, moderna y contemporánea, han sometido a diferentes culturas y a muchos saberes considerados inferiores a su comprensión de la vida y de las relaciones humanas. Esta comprensión incluye lo que se ha dado en llamar «espiritualidad».

En general, estas elaboraciones se imponían por su poder sobre la vida de las personas y porque estaban vinculadas a grupos privilegiados que dominaban la jerarquía social.

Las instituciones políticas y sociales elitistas siempre han necesitado un poderoso orden religioso mítico para garantizar y justificar la eficacia de los poderes imperiales dominantes en el sometimiento de los pueblos. En nombre de Dios, despreciaron las tradiciones espirituales africanas, indígenas o de los pueblos originarios, que siempre fueron consideradas inferiores dentro de los parámetros patriarcales dominantes. Aunque de diferentes maneras, las formas de dominación religiosa siguen siendo muy fuertes y están muy presentes en nuestro mundo actual.

Persiste la tendencia a legitimar ciertos comportamientos humanos como provenientes de voluntades divinas superiores o de un Dios único, enterrando el sentido crítico de las personas en favor de la inmediatez de las llamadas soluciones «espirituales». En realidad, esto no deja de ser una expresión de la vieja dominación colonialista en sus diversas formas, que subyuga no solo los cuerpos, sino también la interioridad de las personas subyugadas, al tiempo que explota la materialidad de su mundo. Se apropian de la riqueza y esclavizan los cuerpos mediante múltiples formas de abuso y violencia. Los cuerpos de las mujeres han sido y siguen siendo presa fácil de las incursiones culpabilizadoras del clero al servicio de los políticos, ya que son considerados lugares de tentación y morada del demonio. ¡Al fin y al cabo, a pesar de nuestra inmensa fuerza manifiesta, continúan creyendo que somos el sexo débil!

Seguimos siendo llamadas ante el tribunal del mundo superior, el mundo de los hombres de Dios, los que hacen *teología espiritual* para explicitar el conocimiento y la conexión entre la voluntad del Dios único y el comportamiento humano. Por ello, especialmente en los *monoteísmos,* la teología o ciencia sobre Dios se convirtió oficialmente en un saber eminentemente masculino, un saber que tiene la última palabra a la hora de orientar la forma de ser y estar en el mundo porque en definitiva se creen guiados por lo que convencionalmente se llama la «palabra de Dios». La palabra de Dios puede ser la Biblia, el Corán, la Torá, pero también puede ser otra serie de palabras y acciones de personajes históricos que, sin utilizar la expresión «palabra de Dios», han tenido y tienen autoridad sobre muchas vidas de tal manera que los dominados se ven inducidos a reconocerlos como autoridad espiritual.

En esta línea, marcada por muchas ambigüedades y mezclas, nosotras, mujeres, nos invitamos a abrirnos un poco más a las entrañas fluidas y complejas de la palabra «espiritualidad» para intentar mostrar cómo la creamos, a qué experiencias y significados puede corresponder y qué comportamientos nos induce a tener. En este sentido, hay que considerar la diversidad de formas y contenidos presentes en la vivencia y expresión de lo que llamamos «espiritualidad», por lo que hay muchos más aspectos sobre los que reflexionar que los aquí expuestos.

La espiritualidad como fruto nacido de nuestro precario ser

La palabra genérica «espiritualidad» incluye todo lo que es común a nuestra humanidad y, en consecuencia, también lo que se ha denominado en la vida contemporánea «espiritualidad feminista». Esta no aparece como un movimiento regulado e institucionalizado, con leyes y liturgias fijas, con sacerdotisas dirigiendo cultos a diosas, con escuelas religiosas de iniciación para diferentes edades, sino como elementos que se introducen aquí y allá para abrir espacios en la todavía *sólida espiritualidad patriarcal* que sobrevive en nuestro continente y en el mundo. Decir una espiritualidad sólida es decir una espiritualidad dominante, que introduce una especie de elemento eterno, infinito, atemporal, poderoso en la vida y en el tiempo precario de los seres humanos, como si lo eterno dirigiera lo meramente temporal, como si lo definitivo guiara lo provisional. Es necesario analizar estos elementos poderosos para poder situarnos social y políticamente en el mundo que construimos cotidianamente.

Desde una perspectiva estrictamente filosófica, podemos decir que la espiritualidad es una expresión de la finitud humana, de la finitud de nuestros deseos, de nuestras posibilidades, de nuestras aspiraciones, de nuestros valores, de nuestros proyectos, de nuestros miedos, en definitiva, de nuestra vida. Es la expresión de los intentos de reducir nuestros sentimientos llamados «negativos» ante la dureza de algunos acontecimientos de la vida, especialmente ante el dolor y la muerte en sus diversas formas. Es el intento de alejarse de lo insoportable y precario, vivido subjetiva y objetivamente. Es como una necesidad de respirar mejor en los ambientes contaminados y violentos que generan las muchas angustias y opresiones que nos invaden. A través de ella nos acercamos a algo que es constitutivamente común a todos los seres vivos, es decir, algo así como una esperanza de alivio, un deseo de algo bueno, de acogimiento o de grata sorpresa que pueda producirse y calmar los miedos y los diversos dolores propios de nuestra finitud. Ese algo llamado «espiritualidad» alivia la marca de la muerte plural y sus diversas contingencias, por lo que algunos discursos espirituales hablan incluso de vida eterna a nivel personal y colectivo.

Desde nuestra precaria condición, la *espiritualidad* se vive dentro de los límites de nuestra experiencia cotidiana, en el interior de nuestros cuerpos, aunque pueda parecer alejada de su materialidad inmediata. Sin embargo, nace de nuestra propia materialidad, de nuestra finitud, como si hubiera algo más allá. Nace frágil ante el miedo a perder nuestra vida, ante el temor a que nos falten cosas esenciales para mantener nuestra vida, ante los innumerables conflictos entre nosotros, ante la precariedad de nuestra existencia cotidiana. Es como si buscáramos fuerzas e incluso soluciones imaginarias en algún lugar dentro y fuera de nosotros para hacer frente a los miedos y esperanzas que condicionan y amenazan nuestra corporalidad y nuestra vida en común. De este modo, una persona de buen corazón que surge de repente en nuestro camino, un atisbo de esperanza, un suspiro de alivio, la posibilidad de una cura, un encuentro esperado, una amistad buscada, se convierten en la apuesta que hacemos por nuestras vidas y las de nuestros allegados.

Sobre la base de esta palabra «espiritual» aliviadora podríamos reflexionar en un intento de verla como el reverso que sostiene la materialidad de la vida y nos acerca a una comprensión más esperanzadora de la vida misma como inherente a nuestro ser.

En medio de nuestros sinsabores, bordamos una hermosa tela llena de hilos de muchos colores en la que se incrustan diversas musicalidades y leyes que dicen provenir de lugares eternos de paz y belleza. En algunos casos, se afirma que estas promesas son dictadas por un supuesto *Ser* todopoderoso al que parecen gustarle el incienso e, incluso, los sacrificios como condición para aliviar nuestro dolor. En algunas espiritualidades no faltan los sacrificios corporales para triunfar en la vida o alcanzar el bien deseado.

En esta línea, podemos preguntarnos: ¿por qué tenemos ideales de vida, de convivencia, de búsqueda de mejoras para el presente? ¿Cuándo y por qué surgen? ¿Son estos ideales una expresión de nuestra espiritualidad?

Me atrevo a decir que, en gran medida, nuestros ideales, especialmente los que incluyen la convivencia respetuosa con la pluralidad de la vida, nacen cuando nos damos cuenta de lo poco que sabemos manejar la realidad o de lo mucho que se resiste a nuestros deseos y necesidades. Nuestros ideales nacen también de la necesidad de superar nuestra codicia y la perversión de querer eliminarnos unos a otros; actitudes que parecen impedir los derechos a la vida de las personas y de la naturaleza. Desde esta condición precaria creamos ideales y valores que atañen a la materialidad de la vida y nos ayudan a restaurarla, ideales que tal vez nos llevarían a una cierta armonía y a un mayor respeto en la convivencia.

En realidad, estos ideales no tienen que ver directamente con la realidad deseada. Son el «todavía no» de la realidad ansiada. El «todavía no» que nos conmueve y nos hace esperar. Habitan nuestra racionalidad o nuestros pensamientos y nos llevan a desear otras relaciones y otros mundos. Nos convierten continuamente en seres deseosos y anhelantes de otras formas de vida, de las que creemos que podemos sacar fuerzas para transformar nuestra realidad de dolor, sufrimiento, sacrificio y muerte.

Desde esta perspectiva antropológica, podemos decir que establecemos nuestro conocimiento de la sociedad basándonos en las experiencias que tenemos y en la imagen de un mundo mejor que nuestros deseos proyectan para que vivamos en él. En cierto modo, esta imagen se convierte en el motor de mis acciones y en el ideal de mi conocimiento del mundo y de las personas, y, por eso, apuesto por formas de supervivencia. Algo de esto está presente en lo que llamamos «espiritualidad».

Sin embargo, podemos constatar cuán frecuentes son nuestros errores cuando solo nos proyectamos en realidades imaginarias. Sabemos que las imágenes no son la realidad. Son solo proyecciones, aspiraciones, ideas que nos ayudan a afrontar la difícil materialidad de la vida y quizá incluso a resolver algunos problemas. En esta línea insegura y tenue, encontramos también la experiencia de una espiritualidad que se abre a la construcción de un mundo más o menos idealizado, es decir, un mundo esperado, distinto de la destrucción y la miseria en que vivimos. Quiere aliviar nuestras angustias, inseguridades y miedos. Por eso, desde esta perspectiva, la palabra «espiritualidad» aparece como una palabra con un significado positivo y un contenido fiable. A primera vista, parece estar alejada de los intereses mundanos y, sobre todo, alejada de los intereses materialistas, competitivos y destructivos de las personas y los pueblos dominantes. Esta palabra también parece indicar una orientación fiable y hermosa en la que podemos entrar y aprender a configurar nuestra vida en una perspectiva más o menos coherente y quizás, para algunos, de acuerdo con una voluntad divina. Sin embargo, no faltan malentendidos y trampas, sobre todo cuando utilizamos al Dios patriarcal como justificación.

La alienación de la realidad también es fabricada por muchas formas de espiritualidad que, sin darnos cuenta, nos dividen, levantan muros entre nosotros y los demás, crean oposiciones, culpan a unas y redimen a otros. En el fondo, lo que llamamos «espiritualidad» también está marcado por la oposición tradicional entre cuerpo y alma, entre buenos y malos, entre Dios y nosotros, entre mujeres y hombres. Una parte siempre es superior a la otra.

Si tomo el ejemplo de la tradición cristiana dualista, tengo que decir que la espiritualidad procede del alma y se asemeja a un molde del alma que debe dar *forma* al cuerpo considerado como el lugar de los límites, la finitud, las tentaciones y el pecado. Este *dualismo* entre cuerpo y espíritu persiste hoy de muchas maneras, especialmente en las expresiones de la teología tradicional, la vida religiosa cristiana y la vida de los movimientos de diferentes orígenes religiosos. También encontramos este mismo dualismo fuertemente presente, por ejemplo, en nuestras oraciones, en las peticiones que hacemos a Dios, en las promesas y en las muchas devociones que se encuentran en numerosos lugares. Sin darnos cuenta, hacemos de Dios un personaje muy fuerte, aunque también a nuestra imagen y semejanza. Un personaje con el poder de cumplir nuestras peticiones porque son buenas y correctas para nosotros o que simplemente puede negárnoslas por razones que desconocemos. En el fondo, esto revela un exceso de antropocentrismo, ya que Dios o cualquier otra divinidad o incluso una escuela de espiritualidad a menudo deben plegarse a la voluntad de nuestro ego y obedecernos, y cuando no lo hacen, nos sentimos culpables por algo que desconocemos.

De este modo, la división interior permanece en nosotros. Se manifiesta en nuestras oraciones diarias como si nuestro ser interior hablara o buscara a un ser superior que pudiera cambiar nuestra vida y el curso de la historia según nuestra voluntad. Merece la pena interrogarse: ¿cómo funciona este dualismo en mi vida personal? Es más, preguntarse si no hay otra forma de vivir con dignidad, por ejemplo, en consonancia con el Evangelio de *Jesús,* interpretado por algunas mujeres más allá de este dualismo. Según los textos de san Juan, Jesús dijo que él y el Padre son uno, es decir, él y la fuente de la vida, él y el Misterio Mayor son *Uno,* están juntos. Es como si no hubiera separación dual. Es como si en nuestro propio ser pudiéramos descubrir los caminos hacia el bien mayor y el bien común. Pero esta unidad intuida no es característica del mundo patriarcal jerárquico. El mundo patriarcal necesita dividir para mantener vivo su poder. Necesita extranjeros, pobres, miserables, saqueos y guerras para demostrar el poder de los hombres y de sus dioses o de su Dios.

Para cambiar esta situación, tenemos que educarnos interna y externamente. Tenemos que buscar una comprensión de nosotros mismos y de los demás que intente superar el radical dualismo social que nos separa y nos enfrenta. Se trata de establecer un proceso educativo personal y colectivo en nuestro tiempo que nos rete a buscar siempre un camino inclusivo. En definitiva, se trata de mirar hacia dentro y hacia fuera, es decir, al mundo exterior y al mundo interior, ya que ambos están absolutamente interconectados.

¿Es posible otra espiritualidad?

No somos el origen de nosotras y nosotros mismos, aunque seamos «trabajadoras» y «trabajadores» o productoras y productores de nuestra miel en las colmenas temporales del mundo. De este modo, nos damos cuenta de que el poder y la autoridad que tenemos en cierta medida también nos han sido dados, transmitidos, y que no somos sus autoras y autores principales. La aprehensión de parte de este poder vital provendría de la percepción o conciencia colectiva de las fuerzas de la naturaleza, los ríos, los mares, los bosques, la energía vital que nos habita y abre posibilidades a diferentes significados de la vida. Venimos de muy lejos, quizá de la explosión de una estrella. Tal vez de una fuerza vital que apenas sabemos nombrar. Ya no queremos utilizar este principio sin principio preciso convirtiéndolo en una deidad masculina, en un ídolo sobre nosotros. No queremos manipular nuestros misteriosos orígenes, sino respetar su fuerza en nosotros y en todo. En cierto modo, podemos incluso invocarlos bajo diferentes nombres para que nos ayuden en lo ordinario de nuestra vida. El hecho es que invocamos lo que habita en nosotros y en todos los seres de diferentes maneras. Ya no personificamos esas fuerzas dándoles características humanas masculinas o sobrehumanas, como se hace con los santos o con las autoridades fundadoras de una religión, sino que nos inclinamos ante ellas de otra manera, es decir, reverenciando su misterio y *cuidando de los seres vivos* como cuidamos de nosotros mismos. En otras palabras, nos inclinamos ante esas fuerzas de manera vivencial porque las experimentamos en nosotros, las vivimos en nosotros mismos y crecemos en la conciencia de esta presencia de fuerzas mixtas e interdependientes en nuestra propia constitución ontológica corporal.

Lo que intento demostrar es que lo que llamamos «espiritualidad» obedece a una cierta estructura básica que es anterior a la constitución humana y que se aprehende a través de la constitución humana finita. Al mismo tiempo que somos conscientes de la interdependencia de todo lo que existe, nos damos cuenta de la precariedad de la vida. Es como si de nuestra compleja corporeidad, de la complejidad de nuestro deseo, brotaran fuerzas que fortalecen nuestra precariedad, que nos ayudan a soportar el dolor y la injusticia que experimentamos y producimos, que nos introducen en el universo de la compasión, la esperanza y la solidaridad con el dolor ajeno, que, en cierto modo, se convierte también en el nuestro.

En este sentido más amplio, la espiritualidad es como un aire más limpio y es también, en cierto modo, una reacción contra las respuestas idealizadas que niegan nuestra finitud y nos prometen la vida eterna solo a nosotros, pobres seres humanos. Reaccionamos ante las afirmaciones que proyectan un mundo ideal más allá de nuestro mundo y sostienen que más allá de la historia hay un cielo para los buenos, los merecedores de las bendiciones divinas. Sostienen que en el cielo reina una bondad sin carne y que disfrutamos de ella después de nuestra muerte individual. Nos llevan a consumir ilusiones sobre nosotros mismos y a proyectar la felicidad en otra vida. Todo esto es también expresión de nuestra propia finitud, pero tiene la fuerza energética de la dominación para contrarrestar el dolor y el sufrimiento cotidianos de la existencia humana y hacernos esperar la realización intemporal del derecho, la justicia y la felicidad eterna. La vida cotidiana, con sus peligros y salvaciones diarias, no es tan grandiosa como las promesas alienantes de la vida eterna.

Sin embargo, todo esto no es sencillo, ni una adquisición tranquila que se aprende una vez y queda fijada en nosotros. Todo esto no es espontáneo en una larga tradición dualista que aún nos marca fuertemente y se reproduce a través de una educación jerárquica que se extiende en distintas direcciones. Creamos un mundo de bellezas imaginarias muy alejado de las nefastas divisiones que nos caracterizan. Y seguimos reproduciendo tragedias jerárquicas, las muertes anunciadas de antemano de los pobres y la muerte de la naturaleza, coronando el reinado del consumismo de unos pocos y la opresión de muchos.

Para cambiar, debemos aprender siempre a cuestionarnos a nosotros mismos y al mundo, y debemos estar vigilantes para no ceder a las tentaciones del dualismo actual y a las guerras que alimenta a pesar de las promesas de paz. Por todas estas razones, apostamos por otra expresión de nuestra espiritualidad que está tomando forma en nuestro mundo.

Inquietud y malentendidos en nuestras búsquedas espirituales

En medio de las muchas preocupaciones de nuestro tiempo, que produce un inmenso número de ideas erróneas, es necesario reflexionar sobre el «mercado» cultural religioso que domina la escena mundial en la actualidad.

Confieso cierta inquietud cuando oigo con demasiada frecuencia el verbo «volver» como política ecológica e identitaria para el presente, con vistas a recuperar nuestras raíces espirituales. Para algunos de nosotros, «volver» es un verbo de memoria en parte poética. Tiene algo de inseguro, de nostálgico, y no expresa el realismo del presente, a menudo trágico y contradictorio. En este sentido, es difícil entender algo de lo que se expresa en nuestro tiempo, cuando muchos proponen reflexionar sobre el ancestral «retorno a la tierra» para restaurar el presente. ¿A qué tierra queremos volver? ¿De dónde venimos y adónde queremos volver? Volver a la tierra que perteneció a nuestros antepasados hoy nos lleva a menudo a encontrar una tierra llena de escombros destructivos que son el resultado de nuestras acciones irresponsables. Es encontrar una tierra llena de la sangre de muchos pueblos y animales extintos. Es encontrar los restos de cuerpos quemados de árboles y bosques milenarios. Un retorno que confirma la muerte de muchos pueblos indígenas, de nativos de muchos lugares. Es no tener más mapas para volver al hogar de nuestros antepasados. Significa darnos cuenta de los cambios y de la destrucción, que son, en gran parte, obra de nuestra inteligencia y de nuestro lucro. De un modo tal vez poético o ilusorio, utilizamos el simbolismo de *volver a una tierra donde la leche y la miel fluyen en abundancia* como una esperanza que, a menudo, está fuera de lugar, carece de fundamento y se encuentra casi al borde de la alienación social. Y es que, en realidad, esa tierra no existe o, si alguna vez existió, ya hemos perdido el mapa para volver a encontrarla.

Si utilizamos este simbolismo o metáfora del retorno como expresión de un deseo de sanar la tierra para que nuestro futuro plural sea más fértil y bueno para todos, tendremos que explicarnos mejor. ¿Cuántas personas ya no pueden volver a su tierra de origen? Su tierra se ha convertido en otro país, ahora es una carretera, ya no existe el campo de trigo de antaño, ya no hay olivos, el maíz y las flores de antaño han desaparecido. ¿A qué tierra debemos retornar? ¿Por qué no hablar hoy del derecho a la tierra? ¿Por qué no hacer políticas de reparto de los latifundios? ¿Por qué no abrir espacios para una ciudadanía plural? ¿Por qué no nos reconocemos como miembros de una misma ciudadanía terrenal? ¿Por qué seguimos con políticas de *apartheid* social e identitario en nuestros países?

Habría que plantearse preguntas similares sobre el retorno a «los antepasados» o a las viejas genealogías que proponen algunos movimientos sociales. ¿Cuáles? ¿Cómo rescatar su presencia en medio de un mundo de tecnologías y dispersión impresionantes? ¿Rescatarlos a través de la inteligencia artificial?

Sospecho que necesitamos reflexionar más profundamente sobre las muchas invitaciones al retorno que nos limitan y a menudo nos alejan de nuestras posibilidades reales de solidaridad y de vivir en la complejidad de nuestro tiempo presente.

El «retorno» al pasado se utiliza mucho hoy en día, sobre todo por parte de los monoteísmos: volver a la «tierra prometida por Dios», «expulsar a los enemigos de la tierra», etc. Se está instaurando una beligerancia de cuño religioso y espiritual al servicio de nuevas dominaciones y no de la sana convivencia a la que todos tenemos derecho.

¿Cómo podemos vivir y actuar en humanidad común? El derecho a nuestra humanidad común requiere que busquemos lo que dijo Hannah Arendt sobre el *derecho a tener derechos* como participantes en una pertenencia cívica más allá de las diferencias étnicas, sexuales, de clase y religiosas. Muchas y muchos de nosotros vivimos sin el derecho básico a tener derechos.

Una vez más, esta situación se convierte en una invitación para que nuestra interioridad reconozca al otro o a la otra como mi semejante, como miembro de un cuerpo común más allá de las divisiones que inventamos para mantener privilegios. Esta dimensión ética espiritual no es espontánea en nosotros, sino fruto de un trabajo continuo sobre nosotras y nosotros mismos, un trabajo que podemos llamar de «educación interior».

La necesidad de una educación interior continua

Necesitamos *educarnos* personal y colectivamente para cuidar de la tierra y de todos los seres que hoy viven y respiran en ella. Necesitamos educarnos en el derecho y la justicia. En lugar de «volver atrás» o «regresar» al pasado, prefiero hacer hincapié en el verbo «cuidar» en el presente.

«Cuidar» es un verbo activo que hay que practicar hoy. No se puede postergar. Sin un mínimo de cuidado, no podemos vivir. En este sentido, insistamos en *educarnos* en el cuidado para no considerar la Tierra como un objeto y a los «otros» como enemigos y competidores.

La Tierra es nuestro cuerpo más grande y por eso somos tierra, aire, agua, bosques, animales, insectos, gusanos. Todo es Tierra. Todo vive en esta Tierra y a partir de sus leyes cósmicas. Todos los seres pequeños y grandes viven en evolución, en un estado vital de transformación. Esto nos lleva a la espiritualidad, es decir, a rumiar en silencio el hecho real de que somos Tierra. ¿Qué efectos puede tener esto? Ser tierra es no poseer la tierra como objeto de lucro. Significa no entregarla como un cuerpo, nuestro cuerpo, a la prostitución de su vida. Esta toma de conciencia nos llama a abrazar la *espiritualidad* como algo que está dentro y fuera de nosotros. Es la respiración personal y la respiración mayor de todos los seres de la tierra. Es el derecho a respirar, inhalar y exhalar en nosotros mismos y en el planeta por el bien de la vida común.

En esta línea, el ecofeminismo, más que volver a la tierra, nos enseña a descubrirnos como tierra, a cuidarnos como tierra, a amarnos como tierra, a ser tierra y a respetar la diversidad de la Tierra.

Basándonos en cierta teología cristiana, quisimos ser más que la tierra e inventamos un lugar ideal para vivir: el cielo. Un lugar donde ya no existe el deseo, un lugar para los buenos muertos que quieren seguir vivos. Por eso crearon un paraíso imaginario como consuelo o como expresión de sus pérdidas terrenales.

El feminismo y el ecofeminismo nos han enseñado que debemos deshacernos de la colonización de nosotros mismos como tierra objeto de conquista u objeto de dominación. También nos invitan a deshacernos de la colonización de los animales a los que imponemos nuestras formas de vida, nuestros deseos de comercio y lucro, nuestras formas de explotarlos por los beneficios que nos pueden dar. Por eso tenemos que educarnos en la diversidad y en el derecho común a vivir, cuidando mutuamente nuestros cuerpos en el cuerpo mayor de la Tierra.

Somos ciudadanas y ciudadanos de la Tierra, sus habitantes, parte de su cuerpo presente. La *cortesía* hacia la Tierra, la gratitud, la admiración por su belleza y fertilidad, por las estrellas que iluminan el cielo, por la luna, la nieve, la lluvia, los vientos y las pequeñas mariposas amarillas y azules que amamos y que parecen estar desapareciendo son valores presentes en nuestra educación común.

A partir de ahí, podemos preguntarnos si hay posibilidades de cambiar las doctrinas cristianas y otras doctrinas antropocéntricas y androcéntricas y abrirlas más allá de sus dogmas y leyes clericales. ¡Es un desafío continuo a nuestros corazones y mentes todavía tan patriarcales!

La teología ecofeminista está intentando algo en esta línea, aunque fuera de las instituciones oficiales. Forma parte del Misterio Mayor que nos crea, nos rodea y nos hace vivir como minorías que anuncian una relación diferente con nuestro mundo. Por eso propone que busquemos políticas públicas y formas de educación que despierten el amor por nuestro Cuerpo Mayor y los cuidados necesarios para vivir en una relación de interdependencia entre las múltiples expresiones de este mismo *cuerpo* vivo y en evolución.

Proponemos *pedagogías de la interioridad,* del acercamiento sutil al Misterio que nos habita, de la aceptación de no saber con claridad quiénes somos, de la fragilidad en la que existimos. Nos invita a mirar el mundo, intentando una y otra vez comprenderlo y encapsularlo en conceptos actuales. Nos abre a nuevos significados, nueva poesía, nuevas musicalidades, que pueden hacer más tiernos nuestros gestos. Todo esto se puede vivir en pequeños grupos que se multiplican y ya no dentro de grandes instituciones religiosas patriarcales. Puede ser algo pequeño, pero es un comienzo que puede crecer...

En el marco de nuestra reflexión actual, hemos visto como la palabra «espiritualidad» aparece en nuestro tiempo marcada por una diversidad de significados y espacios de uso. En el pasado, nuestros espacios preferidos para la espiritualidad eran las iglesias y capillas, y, como mucho, las paredes de nuestras habitaciones o paseos solitarios por playas, bosques o montañas. Ahora podemos navegar por Internet para asistir a un culto religioso o incluso ver a una pequeña congregación que vivió algo en el pasado y que nos gustaría recuperar. Podemos sumergirnos en muchas tradiciones, visitar muchos templos, escuchar a muchas personas, aunque ya no estén. Podemos hacer meditación acompañadas por algún especialista, rezar el rosario en la televisión, aprender a respirar junto al mar, llenándonos de energía cósmica y divina, o incluso sentadas en el sofá de casa, etc. La espiritualidad se ha convertido en un asunto mediático y lucrativo... Esto nos muestra la mutación de los llamados «lugares sagrados» y su recuperación por los espacios digitales y el comercio capitalista. Sin duda, todo ello cambia nuestra percepción y convivencia con lo que antes denominábamos «sagrado» y, en consecuencia, con lo que llamamos «nuestra espiritualidad».

Vivimos, pues, en un mundo religioso pluralista, mixto y disperso, en el que se habla de diálogo interreligioso, de respeto del pluralismo de las espiritualidades, de pertenencias religiosas múltiples e incluso de un mundo supuestamente ya no religioso, marcado únicamente por una racionalidad pura con sus problemas específicos. La historia actual nos invita a aprender de esta impresionante diversidad. En este contexto, comemos, bebemos y respiramos dudas y tenemos que acercarnos a ellas para comprender mejor nuestro mundo y a nosotras mismas como parte de nuestro proyecto educativo interior.

Acoger las dudas como vía pedagógica

Hoy, las *dudas* nos habitan de diferentes maneras y particularmente en relación con las doctrinas religiosas, los poderes religiosos, las manipulaciones políticas de la religión, los significados que nos han sido impuestos y el pasado patriarcal que nos constituye. Parece que las certezas religiosas que antaño nos constituían están siendo erosionadas por las dudas que nacen de la historia real y actual en la que vivimos. La religión y la espiritualidad, que se han convertido en «mercancías», nos abren al mundo de la duda. Dudar es abrirnos a la inestabilidad conductual y cognitiva que nos lleva a pequeñas adquisiciones renovables.

Sobre todo a partir de los siglos XVI y XVII franceses, la duda ha sido una cuestión filosófica existencial de primer orden y ha seguido un camino que ha afectado a distintas creencias religiosas. También se formuló en el cristianismo a través de una oposición entre la voluntad de Dios y la voluntad del diablo tentador que alentaba la práctica de caminos desviados, especialmente en relación con el cuerpo y la sexualidad. El cuerpo, especialmente el de la mujer, se consideraba objeto de tentación y lugar agradable para la morada del demonio. Para luchar contra el diablo, se ejercía una enorme violencia contra nosotras. Numerosas mujeres conocidas como brujas eran sospechosas de ser morada de demonios. Las dudas se cernían sobre ellas y la eliminación de muchas en las hogueras de la Inquisición era la forma de resolver estas dudas.

La duda o la sospecha, sin embargo, se han convertido para nosotras, las mujeres de hoy, en una forma de acercarnos a la verdad que nos habita. Son un método por el que purificamos nuestros pensamientos y creencias aprendidas y buscamos otra forma de vivir, incluso en las religiones.

El verbo «dudar» tiene mucho de positivo y liberador. No hay más que ver cómo nos ha llevado a criticar el dogmatismo y la intransigencia religiosos que han surgido en nuestro medio. Todo un trabajo de nueva interpretación bíblica sigue siendo llevado a cabo por mujeres y hombres en muchas partes del mundo, interpretaciones que relativizan muchas creencias y dogmas que han servido de marco interpretativo a la tradición evangélica patriarcal.

También surge la duda sobre lo que hacemos cuando creemos que hacemos el bien. A veces nos jactamos interiormente de «ser buenos» o de «hacer solo el bien» sin darnos cuenta de que mi narcisismo pasa por ese *bien,* por la forma en que acepto hacer el bien, por la forma en que me dirijo hacia el bien, sin hacer posible que el otro pregunte, sin atreverme a preguntar: «¿qué quieres que haga?». Nos hacemos dueñas y profesionales del bien, queremos ser reconocidas como buenas y no nos damos cuenta de la peligrosa red que nos rodea porque reproducimos casi imperceptiblemente las referencias epistémicas patriarcales.

En este clima de inseguridad existencial, y para concluir esta reflexión, retomamos algunas preguntas: *¿Por qué buscamos la espiritualidad? ¿Por qué apelamos a lo divino, a Dios o a las fuerzas de la naturaleza?*

Creo que lo que llamamos «espiritualidad» ya no será algo separado y superior en nosotros, sino una dimensión de nosotros mismos, una dimensión que debería llevarnos a prácticas éticas, amorosas, de ayuda mutua, de comprensión de nuestros límites y posibilidades, de agradecimiento a la vida... Es como si algo, desde lo más profundo de nosotros, nos llevara ahora a actuar, pensar y compartir de una manera diferente. Aprehendemos la espiritualidad en nuestros cuerpos, en nuestros sentimientos, en nuestras acciones y en nuestro compartir. En cierto sentido, aparece como algo corpóreo, aunque va más allá de nuestras necesidades materiales de supervivencia física inmediata. Es difícil de explicar, pero en parte es lo que nos distingue de otras formas de vida. La espiritualidad está ligada al pensamiento profundo, a la constatación de que algo en nosotros se apoya en el propio sustento del universo, algo así como un «no saber» que se intuye y se experimenta mientras andamos a tientas o en medio de los innumerables problemas y conflictos de nuestras vidas. La espiritualidad desde esta perspectiva no es algo en lo que entramos, sino algo que vivimos y aprendemos en nuestra vida cotidiana. No es una imagen prefabricada que siempre debemos mirar y de la que debemos convertirnos en el dibujo, la copia o la sombra. Es una aventura ética interior, un viaje personal para existir de acuerdo con los valores en los que creemos. Es la aceptación de la provisionalidad y la importancia de cada vida en su dependencia de un Misterio Mayor.

Frente a la inseguridad que nos asola, el Misterio Mayor se vivirá dentro de los límites humanos como un camino transformador y una autoridad dentro de nosotros, la autoridad del «no saber», del «no tener», del «no poder» para tomar posesión de las llaves de la Vida. Vivimos todo esto como un recurso personal y colectivo para transformar nuestras adquisiciones patriarcales en experiencias cotidianas renovables según las diferentes situaciones en que nos vemos inmersas.

El bien y el mal, el dolor y el alivio, la realidad y las aspiraciones son constitutivos de la vida humana y de toda vida, incluso la de los animales salvajes en su propia forma de ser. En este sentido, una vez más, no se trata de pedir a una fuerza superior que haga esto o aquello, sino que «Dios» en mí, o la energía vital en nosotros, hace algo, no como una fuerza separada de mí, sino en mí, a través de mí mismo y en nosotros, siempre limitados a nuestros propios límites. Dios es la chispa de la vida en nosotros, es el aliento, es el viento que sopla y no sabemos cómo, es la esperanza de algo bueno, es el suspiro de los desamparados... Aquí no cabe la expectativa de un milagro, no se trata de un acto mágico ni de la manifestación de las cualidades de alguien capaz de cambiar el curso de la historia. No se trata de méritos, siguiendo la vieja enseñanza de que Dios podía curarnos según nuestros méritos. Hay una dimensión de *azar* y de *apuesta* que representa la complejidad de todas las acciones humanas, a menudo inesperadas, imprevisibles y siempre provisionales.

Se trata de darnos cuenta de que podemos hacer *algo* para que, aunque sea una pequeña cantidad de bien, viva en el mundo. Se trata de aceptar que el mundo es esa fuerza vital siempre contradictoria, desafiante y maravillosa en la que estamos y existimos.

Darse cuenta de que *no soy sin el otro,* que soy el prójimo del otro y el otro es mi prójimo es una invitación constante, un aprendizaje diario. «Salvarme a mí misma» o «amarme a mí misma» no existe realmente en su plenitud provisional sin el amor a los demás seres vivos.

Darme cuenta de que no estoy sin agua, aire, bosques, animales de todo tipo. Darme cuenta de que no soy sin mi vecino, mi amigo, el forastero, el loco, el enfermo, el malvado... Somos un mismo cuerpo interdependiente y diverso.

En conclusión

Tenemos que comprender que somos una *unidad dividida,* o sea, como decía san Pablo a los Romanos (Rom 7: 15 a 18): «No hago el bien que quiero y hago el mal que no quiero» (7: 15). «Está en mi poder querer el bien, pero no practicarlo» (7: 18).

Desde esta perspectiva, la vida espiritual o espiritualidad es también una vida dividida, y se nos invita a buscar siempre una unidad que nunca es completa y nunca se alcanza. Esto no es dualismo... Es la dinámica de la vida... Porque esta es nuestra realidad y relatividad, esta es la *finitud* y complejidad de nuestra especie, una finitud que atraviesa todos nuestros espacios, incluso lo que llamamos «espiritualidad». Estoy invitada a amarme a mí misma y a amar a los demás una y otra vez. No se trata solo de un amor romántico de reciprocidad, sino de un amor que expresa la ayuda a la vida del otro, aunque él o ella no me lo agradezca, aunque sean mis enemigos. «Amad a vuestros enemigos», dice la ética del Evangelio.

¿Cómo hacerlo? Es difícil explicarlo y vivirlo. Sabemos muy bien lo mucho que buscamos la gratitud de los demás, lo felices que somos de que nos reconozcan o de demostrar al mundo que hemos hecho un bien a alguien, aunque no nos hayan retribuido... Nuestro ego está en el centro. Primero nos damos cuenta de lo que la otra persona no ha hecho por mí, de lo que no ha entendido, de cómo me ha respondido. El ego es el rey o la reina en las relaciones individuales y colectivas.

De los seis ciegos que Jesús curó, solo uno volvió para dar las gracias. Pero Jesús siguió curando... Tenemos que seguir nuestra senda, retomar los caminos polvorientos, llevar las cargas de los demás. Por eso la fe es algo más que fría racionalidad. La fe es una apuesta renovada por las posibilidades de la vida.

La vida implica una lucha espiritual constante, es decir, una especie de división interior y exterior entre el espíritu y la carne, entre la carne y la carne, entre el espíritu y el espíritu. «Está en mi mano hacer el bien, pero no practicarlo», dice Pablo (Rom 7: 18). Está claro que nos encontramos en un estado constante de contradicción y ambigüedad, porque aquellos a quienes señalamos como hacedores del mal a menudo piensan que están haciendo el bien para sí mismos. Plantan árboles frutales solo para ellos y, así, limitan la vida de muchos. Preparan banquetes solo para ellos, olvidándose de los mutilados y caídos en los caminos de la vida, convertidos en basura porque son inútiles para los propósitos expansionistas. Estos caídos no son los que el sistema actual me invita a amar.

Por eso, en la base de la comprensión de los valores humanos hay algo que nos invita a un amor colectivo, social, ecológico y político renovable. El «dadle vosotros mismos de comer», o «que tire la primera piedra a la mujer quien no tenga pecado», o «quien tenga dos túnicas que comparta una», o «quien tenga panes y peces en su bolsa que comparta con los hambrientos», o «si no hay vino para el banquete, pongámoslo nosotros» o «invitad a los hambrientos de la calle al banquete» tienen siempre garantizada su actualidad.

¿Es esto muy difícil? Regalamos lo que nos sobra, la moneda más pequeña, lo que ya no queremos. Buscamos nuestra seguridad, nuestra voluntad. Acumulamos cosas y posesiones por miedo a quedarnos sin ellas. A pesar de su claridad ética, los textos de los Evangelios a menudo solo han servido para teorizar, para descubrir cosas bellas en las palabras que leemos. De acuerdo con una visión diferente de la espiritualidad, tenemos que integrar el hecho de que quizá seamos los *condenados* que no ven ni oyen, porque no vemos a los presos, a las mujeres lapidadas, a los hambrientos de muchas clases, a las víctimas de nuestras guerras demenciales, cerramos los ojos ante la destrucción de los bosques y de las etnias que los habitan. En nuestras decisiones en general, los demás están siempre en segundo plano y tenemos mil y una justificaciones para no atrevernos a escandalizar al mundo con las disrupciones de amor que podríamos hacer. Somos las y los hipócritas, «los sepulcros blanqueados» contra los que se levantó el movimiento de Jesús.

Nosotras mismas hemos convertido los textos bíblicos y los de otras tradiciones en meros textos sagrados que se leen en las iglesias, teorizados y espiritualizados al extremo para que sirvan a nuestros intereses. Esto nos reconforta y nos aliena al mismo tiempo. Nos procura la falsa impresión de que estamos en el corazón de la ética del Evangelio o de un humanismo espiritualizado cuando en realidad estamos en abstracciones del «deber ser», estamos lejos de la vida concreta, estamos lejos del olor de los pobres. La espiritualidad sugerida por el Evangelio cristiano y otras tradiciones es la del «ama a tu prójimo como a ti mismo» como un esfuerzo cotidiano, como una lucha por salir una y otra vez de nuestros múltiples centrismos y exclusiones. Este amor debe modelar nuestras vidas, alimentarnos, llevarnos a dar pasos que pueden significar, entre otras cosas, el camino de la cruz... Pueden llevar a la persecución y a la crucifixión en la fe de que un amor amplio no puede dejar de habitar nuestras vidas a pesar de nuestros muchos pesares.

Más allá de la belleza de las palabras del Evangelio, tenemos que intentar *vivirlas* o, mejor dicho, querer que formen parte de nuestro cuerpo, de nuestras acciones y del cuerpo social. Para ello, debemos cavar *siempre en la tierra interior* para hacer el mayor bien posible. Tenemos que hacer hincapié en lo posible porque se trata de lo que es posible hoy y no de lo que debería ser posible en un tiempo más allá del tiempo.

La espiritualidad es, por tanto, una orientación hacia lo que es posible hoy, no una acción para ganar el cielo o la felicidad eterna o una sociedad sin clases desde ideologías prefijadas o el lucro en las Iglesias. Por lo tanto, hablar de espiritualidad es tocar las profundidades de la materialidad de la vida, es decir, tocar una dimensión misteriosamente insaciable en nosotros, una dimensión que presupone el alimento material, pero que va más allá de él, aunque esté en él. Es difícil explicar todo esto con palabras. Quizá sea como escuchar una canción que nos gusta y no nos cansamos de oír porque resuena en nosotros como si habitara en nuestro interior, provocando lágrimas, sonrisas y pequeñas iniciativas positivas. Es como leer y releer un texto o un poema y encontrar siempre algo nuevo en él... Todo está en el cuerpo, el cuerpo complejo de múltiples dimensiones, el cuerpo de *carne sarx,* pero también el cuerpo soma, el cuerpo que desea el pan, el pan común, que desea la belleza como un derecho, el don, la gratuidad que es la vida en abundancia, en la que todas y todos tienen derecho a participar.

Somos esta dualidad múltiple y unificada, somos la persona mixta, somos también la unidad múltiple e indivisible, somos materialidad y espiritualidad en el mismo cuerpo, nuestro cuerpo, los cuerpos de los demás, el cuerpo del Universo, el cuerpo divino, el cuerpo de la flor, el cuerpo de la abeja, el cuerpo del rocío que nace hoy y se desvanece mañana.

Así es como parecemos ser... Y así es como las espiritualidades se dibujan en nuestro ser...

Bibliografía

ARENDT, Hannah, *Los orígenes del totalitarismo,* Madrid, Alianza Editorial, 2006.

BENHABIB, Seyla, *Los derechos de los otros. Extranjeros, residentes y ciudadanos,* Barcelona, Gedisa, 2004.

BERRY, Thomas, *The dream of the earth,* San Francisco, Sierra Club Books, 1988.

Bíblia de Jerusalém, São Paulo, Edições Paulinas, 1973.

DINIZ, Debora, y GEBARA, Ivone, *Esperança feminista,* Río de Janeiro, Rosa dos Tempos, 2022.

GEBARA, Ivone, *Mulheres, Religião e Poder: ensaios feministas,* São Paulo, Editora Terceira Via, 2017.

— *Ensaio de Antropologia Filosófica. A arte de misturar conceitos e plantar des-conceitos,* São Paulo, Editora Recriar, 2021 (trad. esp.: *Intuiciones ecofeministas. Ensayo para repensar el conocimiento y la religión,* trad. de Graciela Pujol, Madrid, Trotta, 2000).

GUTIÉRREZ, Gustavo, *Teología de la liberación,* Salamanca, Sígueme, 19.ª ed., 2022.

JANTZEN M., Grace, *Becoming Divine. Toward a feminist Philosophy of Religion,* Bloomington (IN), Indiana University Press, 1999.

PULEO, Alicia H., *Claves ecofeministas. Para rebeldes que aman a la Tierra y a los animales,* Madrid, Plaza y Valdés Editores, 2019.

Radford Ruether, Rosemary (ed.), *Religion and Sexism. Images of women in Jewish and Christian Traditions,* Nueva York, Wipf and Stock Publishers, 1974.

Ress, Mary Judith; Seibert, Ute, y Sjørup, Lene (eds.), *Del Cielo a la Tierra, Antología de Teología Feminista,* Santiago de Chile, Sello Azul, Editorial de Mujeres, 1994.

Schneiders, M. Sandra, *As mulheres e a palabra,* São Paulo, Ediçoes Paulinas, 1992.

Schüssler Fiorenza, Elisabeth, *En memoria de ella: una reconstrucción teológico-feminista de los orígenes del cristianismo,* Bilbao, Desclée de Brouwer, 1989.

— *Discipulado de Iguais. Uma ekklesia-logia feminista crítica da libertação,* Petrópolis, Vozes, 1993.

— *Jesus: Miriam child, Sophia's prophet: critical issues in Feminist Christologies,* Nueva York, Continuum, 1995.

Sjöo, Monica, y Mor, Barbara, *The Great Cosmic Mother. Rediscovering the religion of the Earth,* San Francisco, HarperOne, 1987.

Toldy, Teresa Martinho, *Deus e a Palavra de Deus na Teologia Feminista,* Lisboa, Ediçoes Paulinas, 1998.

Van Montfoort, Trees, *Green Theology,* Londres, Darton, Longman and Todd Ltd, 2022.

Varikas, Eleni, *A escoria do mundo. Figuras do pária,* São Paulo, Editora Unesp, 2014.

Vattimo, Gianni, *Después de la cristiandad. Por un cristianismo no religioso,* Barcelona, Paidós, 2021.

Índice

Colección Feminismos

Títulos publicados

1. *Las Románticas (Escritoras y subjetividad en España, 1835-1850),* Susan Kirkpatrick.
2. *El infinito singular,* Patrizia Violi.
3. *Antropología y feminismo,* Henrietta L. Moore (5.ª ed.).
4. *Deseo y ficción doméstica,* Nancy Armstrong.
5. *Musa de la razón (La democracia excluyente y la diferencia de los sexos),* Geneviève Fraisse.
6. *Dialéctica de la sexualidad (Género y sexo en la filosofía contemporánea),* Alicia H. Puleo.
7. *Yo, tú, nosotras,* Luce Irigaray.
8. *Equidad y género (Una teoría integrada de estabilidad y cambio),* Janet Saltzman.
9. *Alicia ya no (Feminismo, Semiótica, Cine),* Teresa de Lauretis.
10. *El niño de la noche (Hacerse mujer, hacerse madre),* Silvia Vegetti Finzi.
13. *El poder del amor (¿Le importa el sexo a la democracia?),* Anna Jónnasdóttir.
14. *La construcción sexual de la realidad (Un debate en la sociología contemporánea de la mujer),* Raquel Osborne (2.ª ed.).
19. *Los otros importantes,* Whitney Chadwick y Isabelle de Courtivron (eds.).
20. *La construcción del sexo (Cuerpo y género desde los griegos hasta Freud),* Thomas Laqueur.
23. *Fundamentos del patriarcado moderno. Jean Jacques Rousseau,* Rosa Cobo.
24. *Psicoanálisis y feminismo. Pensamientos fragmentarios,* Jane Flax.
25. *La ciudad de las pasiones terribles (Narraciones sobre peligro sexual en el Londres victoriano),* Judith R. Walkowitz.
26. *El matrimonio de Raffaele Albanese (Novela antropológica),* Luisa Accati.
27. *Hacia una teoría feminista del Estado,* Catharine A. MacKinnon.
28. *Ciencia, cyborgs y mujeres (La reinvención de la naturaleza),* Donna J. Haraway.

30. *La herejía lesbiana (Una perspectiva feminista de la revolución sexual lesbiana),* Sheila Jeffreys.
31. *Maternidad y políticas de género,* Gisela Bock y Pat Thane (eds.).
32. *Ecofeminismos,* Barbara Holland-Cunz.
33. *Las filósofas (Las mujeres protagonistas en la historia del pensamiento),* Giulio de Martino y Marina Bruzzese (2.ª ed.).
35. *Figuras de la madre,* Silvia Tubert (ed.).
36. *Lo que quiere una mujer. (Historia, política, teoría. Escritos, 1981-1995),* Alessandra Bocchetti (2.ª ed.).
38. *La política de las mujeres,* Amelia Valcárcel (7.ª ed.).
39. *Andamios para una nueva ciudad (Lecturas desde la antropología feminista),* Teresa del Valle.
40. *El pensamiento filosófico de Lou Andreas-Salomé,* Arantzazu González.
41. *Tiempo de feminismo (Sobre feminismo, proyecto ilustrado y postmodernidad),* Celia Amorós (3.ª ed.).
42. *Pasado próximo (Mujeres romanas de Tácita a Sulpicia),* Eva Cantarella.
43. *Figuras del padre,* Silvia Tubert (ed.).
46. *Las mujeres y el cine (A ambos lados de la cámara),* E. Ann Kaplan.
47. *Nueva crítica feminista de arte (Estrategias críticas),* Katy Deepwell (ed.).
48. *El malestar en la desigualdad,* María Jesús Izquierdo.
49. *La misoginia en Grecia,* Mercedes Madrid.
52. *La loca del desván (La escritora y la imaginación literaria del siglo XIX),* Sandra M. Gilbert y Susan Gubar.
53. *Trabajo social feminista,* Lena Dominelli y Eileen McLeod.
54. *Mujeres de los márgenes (Tres vidas del siglo XVII),* Natalie Zenon Davis.
56. *La mujer española y otros escritos,* Emilia Pardo Bazán.
57. *Si Aristóteles levantara la cabeza (Quince ensayos sobre las ciencias y las letras),* María Ángeles Durán.
58. *Lo femenino y lo sagrado,* Catherine Clément y Julia Kristeva.
60. *Género, identidad y lugar (Un estudio de las geografías feministas),* Linda McDowell.
61. *Galería de escritoras isabelinas (La prensa periódica entre 1833 y 1895),* Íñigo Sánchez Llama.
62. *El cuerpo-palabra de las mujeres (Los vínculos ocultos entre el cuerpo y los afectos),* Gabriella Buzzatti y Anna Salvo.
63. *Misoginia y defensa de las mujeres (Antología de textos medievales),* Robert Archer.
64. *En el corazón de la libertad (Feminismo, sexo e igualdad),* Drucilla Cornell.
65. *Vida del espíritu y tiempo de la polis (Hannah Arendt entre filosofía y política),* Simona Forti.

66. *Género, espacio y poder (Para una crítica de las Ciencias Políticas),* Mino Vianello y Elena Caramazza.
67. *Ensayos sobre la igualdad sexual,* John Stuart Mill y Harriet Taylor Mill.
69. *Cuerpos sexuados, objetos y prehistoria,* María Encarna Sanahuja Yll.
70. *Feminismo y modernidad en Oriente Próximo,* Lila Abu-Lughod (ed.).
71. *Herederas y Heridas (Sobre las élites profesionales femeninas),* María Antonia García de León.
72. *La voz de las invisibles (Las víctimas de un mal amor que mata),* Esperanza Bosch y Victoria A. Ferrer.
73. *Mujer, modernismo y vanguardia en España (1898-1931),* Susan Kirkpatrick.
75. *Mi vida hasta ahora,* Betty Friedan.
76. *Movimientos de mujeres en América Latina (Estudio teórico comparado),* Maxine Molyneux.
77. *Los dos gobiernos: la familia y la ciudad,* Geneviève Fraisse.
79. *¿Tiene sexo la mente? (Las mujeres en los orígenes de la ciencia moderna),* Londa Schiebinger.
80. *Excluidas y marginales (Una aproximación antropológica),* Dolores Juliano (3.ª ed.).
81. *Más allá del hombre económico (Economía y teoría feminista),* Marianne A. Ferber y Julie A. Nelson (eds.).
83. *Madres que trabajan (Dilemas y estrategias),* Constanza Tobío.
84. *Veinte años de políticas de igualdad,* Judith Astelarra (2.ª ed.).
86. *Mujer y constitución normativa,* María Luisa Balaguer.
87. *La gran diferencia y sus pequeñas consecuencias... para las luchas de las mujeres,* Celia Amorós (3.ª ed.).
88. *El tecnofeminismo,* Judy Wajcman.
89. *Antropología del género (Culturas, mitos y estereotipos sexuales),* Aurelia Martín Casares (8.ª ed.).
91. *Políticas de igualdad en España y en Europa (Afinando la mirada),* María Bustelo y Emanuela Lombardo (eds.) (2.ª ed.).
92. *Cuando las mujeres hayan desaparecido (La eliminación de las niñas en India y Asia),* Bénédicte Manier.
93. *Mujeres y familia en el Marruecos modernizado,* Elena H. Corrochano.
94. *Descolonizando el feminismo (teorías y prácticas desde los márgenes),* Liliana Suárez Navaz y Rosalva Aída Hernández Castillo (eds.) (6.ª ed.).
95. *La segunda brecha digital,* Cecilia Castaño (dir.).
96. *Feminismo en el mundo global,* Amelia Valcárcel (8.ª ed.).
97. *Discurso sobre la felicidad,* Madame du Châtelet (5.ª ed.).
98. *Vetas de Ilustración (Reflexiones sobre feminismo e Islam),* Celia Amorós.

99. *El movimiento feminista en los años 70,* Carmen Martínez Ten, Purificación Gutiérrez López y Pilar González Ruiz (eds.).
101. *Madres coraje contra Franco,* Mercedes Yusta.
102. *Mujeres, salud y poder,* Carme Valls-Llobet (8.ª ed.).
103. *Masculinidades en tela de juicio (Hombres de género en el primer tercio del siglo XX),* Nerea Aresti.
104. *Cine y género en España (Una investigación empírica),* Fátima Arranz (dir.).
105. *Mujeres, globalización y derechos humanos,* Virginia Maquieira (ed.) (2.ª ed.).
107. *Mecanismos psíquicos del poder (Teorías sobre la sujeción),* Judith Butler (12.ª ed.).
108. *Convertirse en madre (Etnografía del tiempo de gestación),* Elixabete Imaz.
109. *Deseo (Una historia de la sexualidad en Europa),* Anna Clark.
110. *Ecofeminismo para otro mundo posible,* Alicia H. Puleo, (11.ª ed.).
111. *Carta de una mujer indignada (desde el Magreb a Europa),* Wassyla Tamzali.
112. *Género y modernización en la novela realista española,* Jo Labanyi.
113. *La mujer de los orígenes,* Claudine Cohen (2.ª ed.).
114. *Del sexo al género (Los equívocos de un concepto),* Silvia Tubert (ed.).
115. *Las damas del liberalismo respetable (Los imaginarios sociales del feminismo liberal en España [1834-1850]),* Mónica Burguera.
116. *Antología del pensamiento feminista español: 1726-2011,* Roberta Johnson y Maite Zubiaurre (eds.); Luis F. Cuesta (col.).
117. *Feminismo en el Islam (Convergencias laicas y religiosas),* Margot Badran.
118. *Ideas que cambian el mundo (Una mirada desde la izquierda feminista),* Sara Berbel Sánchez, Maribel Cárdenas Jiménez y Natalia Paleo Mosquera (3.ª ed.).
120. *El siglo de las mujeres,* Victoria Camps (9.ª ed.).
121. *Cartografías del cuerpo (Biopolíticas de la ciencia y la tecnología),* Eulalia Pérez Sedeño y Esther Ortega Arjonilla (eds.).
122. *La pantalla sexuada,* Barbara Zecchi (4.ª ed.).
123. *Las mujeres en la Gran Recesión (Políticas de austeridad, reformas estructurales y retroceso en la igualdad de género),* Cecilia Castaño (dir.).
124. *Neoliberalismo sexual (El mito de la libre elección),* Ana de Miguel (20.ª ed.).
125. *De la garçonne a la pin-up (Mujeres y hombres en el siglo XX),* Mercedes Expósito García.
126. *Los excesos del género (Concepto, imagen, desnudez),* Geneviève Fraisse.
127. *La mística de la feminidad,* Betty Friedan (9.ª ed.).

128. *La Ética Animal. ¿Una cuestión feminista?,* Angélica Velasco Sesma (5.ª ed.).
129. *Hij@s del mercado (La maternidad subrogada en un Estado Social),* María Luisa Balaguer.
130. *El segundo sexo,* Simone de Beauvoir (20.ª ed.).
131. *Política sexual,* Kate Millett (9.ª ed.).
132. *Medio ambiente y salud (Mujeres y hombres en un mundo de nuevos riesgos),* Carme Valls-Llobet (5.ª ed.).
133. *La lactancia materna (Política e identidad),* Beatriz Gimeno.
134. *Ni putas Ni sumisas,* Fadela Amara (7.ª ed.).
135. *Democracia feminista,* Alicia Miyares (5.ª ed.).
136. *Mujeres indígenas en defensa de la Tierra,* Aimé Tapia González.
137. *De la Educación de las Damas,* Poulain de la Barre.
138. *Vindicación de los derechos de la mujer,* Mary Wollstonecraft.
139. *La mujer española y otros escritos,* Emilia Pardo Bazán.
140. *Empujando al patriarcado,* Cynthia Enloe.
141. *¿Quién hay en el espejo? Lo femenino en la filosofía contemporánea,* Luisa Posada Kubissa.
142. *Ahora, Feminismo (Cuestiones candentes y frentes abiertos),* Amelia Valcárcel (8.ª ed.).
143. *De qué hablamos cuando hablamos de violación,* Sohaila Abdulali.
144. *Feminismo e Ilustración (Un seminario fundacional),* Marta Madruga Bajo.
145. *Ser feministas (Pensamiento y acción),* Alicia H. Puleo (ed.).
146. *Distopías patriarcales (Análisis feminista del «generismo queer»),* Alicia Miyares (7.ª ed.).
147. *Política sexual de la pornografía (Sexo, desigualdad, violencia),* Mónica Alario Gavilán (5.ª ed.).
148. *Sobre la existencia del sexo (Reflexiones sobre la nueva perspectiva de género),* Kajsa Ekis Ekman (3.ª ed.).
149. *Mitos bíblicos patriarcales (Estudio crítico feminista),* Mercedes Navarro Puerto.
150. *Hannah Arendt en el teoría feminista contemporánea,* Teresa Portas Pérez.
151. *Hombres feministas y masculinidad en la España contemporánea,* Jesús Espinosa Gutiérrez.
152. *Pura lujuria (Filosofía feminista elemental),* Mary Daly.
153. *El hombre y la Razón (Lo masculino y lo femenino en la filosofía occidental),* Genevieve Lloyd.
154. *Principales conceptos de la teoría feminista española,* Roberta Johnson.
155. *Corre, Atalanta (Crítica feminista del deporte),* Herminia Luque.
156. *Lo que nos han contado sobre el clítoris (Historia y anatomía política de un órgano desconocido),* Sylvie Cheperon y Odile Fillod.
159. *Hacia una teología feminista,* Ivone Gebara.